ニッポン縁起直し

時代の空気を変えていくアプローチ

空翁 KuuO

まえがき

いまの世の中を「まあ、こんなものか」などと思う人は多いかもしれませんが、「これでいいのか」と思ったことがない人も少ないのではないでしょうか。

また、「世の中が良い方に向かっている」と言い切れる人がどれほどいるでしょうか。「世の中は悪い方に向かっている」とまでは言わないにしても。

ふだん、テレビ番組やネットのコンテンツなどを見て何となく一日を終える人びとも多いでしょう。「ま、いいか」という気持ちでしょうか……。

しかし、あらためて世の中を見渡すと、とても気になる政治問題や見過ごされがちな社会問題なども目につき、「このままでは日本は危ないのではないか」との思いに駆られます。いまは、政治、経済、社会のニュースなど適当にスルーして「そういうことは……」などと思考停止している場合ではない、と。

では、どうあるべきか、どうすればよいか。

臨床哲学者を標榜する鷲田清一は、世の中には答えが一つだけ得られるものなどめったにないと言います。あるのは三種類と――。①正解が複数ある、②不確定要素があって答えがすぐには見えない、③いくら問うても人間には答えられない――。

それでも私たちは考えを巡らせ、いまの日本の問題の「答え」を求めて最善を目指すべきではないでしょうか。

いままで日本について分析をした著述は多くとも、国全体を良くするという観点で「大風呂敷」を広げるような提言は少ない気がします。目立つのは、個別のテーマで成長戦略、少子高齢化対策、スタートアップ育成策などカミソリの切れ味を試すような技術的な論考や解説、先行きを嘆くエレジー談義、怒りの憂国論、根拠なき楽観論等々。

この先を考えるとき、曖昧な「空気」に流されがちな世の中のムードを変えるべく、目先を変える意味もこめて「縁起直し」が求められるのではないでしょうか。

「縁起直し」は、かつての時代を懐かしむような「復活・復興・復元」などではなく、新時代への「適応」を目指すべきで、その際、「世界の中の日本」ということも忘れてはならないでしょう。

いま、「縁起直し」に空気を動かすためには、「ぬるま湯」にひたっている社会に「風」を吹かせる必要がありそうです。以下では、縁起直しのための「風」を少しでも起こせるように、細かいことや小難しいことは抜きに、アプローチを模索します。

とにかく「縁起直しに酒でも飲もう」など言ってる場合ではないと自戒して、心積もりとしては、笑い者にされた昔の東欧の貴族にならないように…。

「おい、いま我々がどこにいるか分かったぞ！」

一人が地図を広げながら、もう一人に言った。そして向かいの山を指さして、

「いま我々は、ちょうど、あの山の上にいるんだ！」

目次

第一章

現実を見定めよう

最近は日本が直面する課題の重大さといまの政治の心もとない感じから、危機感を持つ人びとが増えつつあるように思われます。さまざまな提言もなされていて、概ね納得させられる内容ですが、果たしてその提言通りに事が運ぶかどうか、疑問を感じることも少なくありません。

たとえば、『文藝春秋』２０２３年12月号の巻頭に、「日本の危機の本質」と題して「既得権に切り込み、打破せよ」のような趣旨で緊急提言（「憂国グループ２０４０」による）が掲載されています。確かに、既得権を何とかできれば効果はあるでしょうが、雑誌の誌面で危機感を主張しても、果たして政治を動かせそうか、誰が真剣に受け止めてくれそうか、簡単ではなさそうです。

「このままでは日本は危ないのではないか」といった問題意識に対しては批判もあるようですが、政治情勢などを厳しく見つめて、「いまの延長線上にあるような普通の手段では現状を打開できないのではないか」と考える人びともいます。

＊

まずは現実をしっかり見定めるべきです。

東京大学の御厨貴名誉教授は政治学者として、過去を「政治が劣化していった30年」と評して振り返ります（『ＡＥＲＡ』２０２３年11月27日号）。

「政治が、一つの議席を巡って勝つか負けるか争う小選挙区制においては、選挙至上主義になり、政治のモラルが崩壊し、『選挙に勝てば官軍』になってしまった。安倍政権下では毎年のように選挙が行われ自民党が勝利し、選挙に勝ったのだから、問題があっても野党に説明する必要はない、とするなど、国会での議論もどんどん形骸化していった」と。

そして、いま政治に求められるのは、「政治家が、せめて10年の計を立て、大きな図を描くことだ」とも。

しかし、10年先のゴールを適切にセットできたとしても、しっかり社会に根付いている「空気」を動かして、そこに至る道筋をうまく見出せるでしょうか。

かつて評論家・山本七平は『「空気」の研究』で、日本では「あらゆる議論は最後には『空気』できめられる」と指摘しました。

戦前から「空気」と「論理・データ」の対決では「空気の勝ち」で、「もし日本が、再び破滅へと突入していくなら、そうさせるのは『空気』であり、破滅の後に責任者が問われたら『あのときは、ああせざるを得なかった』と答えるだろう」とも。

「空気が論理に勝った」例として、太平洋戦争での戦艦大和の無謀な出撃が挙げられます。出撃が無謀と言える根拠は明確で、逆に出撃の根拠は全くないにもかかわらず、「空気」によって出撃せざるを得なかった、と。

「戦後も、ムードと言い換えられることはあっても、昔と変わらず、「空気」はすべてを統制し、強力な規範になっている」と分析しました。

同書は1977年の出版ですが、いまなお「空気」は、山本七平の見立て通りに、根強く生き残っているように感じられ、日本の縁起直しのためには、規範としての「空気」の無効化を図る必要がありそうです。また逆に、「空気」の無効化を図るために、縁起直しを、とも言えるかもしれません。

それには、知恵を働かせて、論理的な判断のテコ入れが求められそうです。

近年は、「根拠に基づく政策立案（ＥＢＰＭ）」が言われます。欧米では科学的な根拠に基づき、因果関係や政策効果などを検証しつつ政策を立案することが進んでおり、日本でも厳しい財政状況の下で、政策の効果をきちんと事前検証する必要性が高まっています。

政府は２０２３年度から全ての予算事業について、ＥＢＰＭを導入するようですが、形だけでなく、実のある論理的な判断がなされる取り組みであってほしいものです。

＊

物理学者ジョージ・ガモフによるパズル小話があります（共著『数は魔術師』より）。

ナチ占領下のフランスで、汽車の同じ車室内に、ドイツ将校、若い娘、老婦人、フランス紳士が乗り合わせた。列車がトンネルに入り室内が真っ暗になったとき、大きなキスの音がすると、誰かが誰かを殴る音がした。列車がトンネルを出たら、ドイツ人の目の下に大きな痣。

老婦人は「フランス娘は立派」と考え、フランス娘は「このドイツ人はバカじゃないの。このカバンにキスをするなんて」と思った。ドイツ将校は、何がなんだか分からず、フランス紳士が娘にキスをして、暗闇で娘が運悪く自分に殴りつけたのかな、と。

はたして実際には、何が起きていたのか？

ガモフによれば論理的な答えはただ一つ＝「レジスタンス活動家のフランス紳士が自身の手にキ

スをして、ドイツ人の顔を殴りつけた」と。

これは駐米英国大使ハリファックス卿のいたずらエピソードを下敷きにした架空のストーリーでしょうが、ここで指摘したいのは、登場人物それぞれの認識内容を「データ」と見れば、データをありのままに判断し理詰めに考えることで、出来事の裏側にある真実をも見抜ける、ということです。

＊

まだまだ大国意識から離れられない日本、まだ金持ちニッポンには眠っている巨額の個人資産の蓄積がある、まだ親方日の丸のスネをかじれるのではないか等々。

しかし、「**まだはもうなり**」という相場の有名な格言があります。

いまの日本の世の中には、政府のカネばかり当てにするような向きは多くても、自らの力で道を切り拓き、世界をリードしようというようなスケールの大きい人物がなかなか見当たりません。

終戦直後の1946年、ソニーの前身「東京通信工業株式会社」の設立趣意書には、会社創立の目的として「真面目な技術者の技能を最高度に発揮せしむべき自由闊達にして愉快なる理想工場の建設」など、経営方針としては「不当なる儲け主義を排し…」などとあり、創業者の井深大、盛田昭夫らの情熱と意気込みが伝わってきます。

やはり昔話ですが、敗戦時、皆が公職追放で出番となった吉田茂。「辞めたくなったらいつでも辞める」と言いながら党総裁・首相になり、優れた政治感覚と強いリーダーシップで戦後の復興を推し進めました。欠点もあったが気骨ある政治家を、側近の白洲次郎は「吉田老ほど、わが国を愛しその伝統の保持に努めた人はいない」と評しました。総裁就任後には吉田学校と呼ばれる集団を形成し、その後の保守政権の中核を担う人達がそこに。

自身は元気だったので健康の秘訣を訊かれると「人を食っている」などとジョークを飛ばしていたが、首相時代、たびたび陳情に訪れた地元高知県の有力者には、「私は日本国の代表であって、高知県の利益代表者ではない」と一蹴したエピソードもあります。

決してスーパーマンを求めるわけではありませんが、いまの社会リーダーには、どこまでスケールの大きさを期待できるのか、時代の変遷もあって、難しいのでしょうか。

＊

いまの現実を見定める前に、少し日本の戦後の軌跡に触れておくのも意義あることと思います。高度成長期に入る前の日本のことをよく知らない世代が、いまは多いかもしれません。

いまの日本とは違って、当時は自慢できるような「ものづくり大国」ではなく、日本製の多くは「安かろう、悪かろう」などと見なされていました。

トヨタは経営が危ぶまれ、国産車と米国車を比べても、デザイン、性能ともに雲泥の差がありました。皇室パレードなどで使う車は超低速の走行が求められ、国産車では無理でベンツ車でした。

左の図は、昭和25年（1950年）に開催された米国博のポスターです。（その後も何度か開催されたように思います。）50年代からしばらくは、モノや文化、ライフスタイルなど、アメリカは「夢

アメリカ博ポスター　朝日新聞社主催(昭和25年)

の国」のイメージでした。

日本の経済には、外貨準備高の壁があり、好景気を長く続けることができなかったこと、何かにつけて「猿真似ニッポン」（たとえばフランスからは、トヨペット車のデザインは酷評、東京タワーはエッフェル塔の真似など、と）と見られ悔しい思いをしたことなど、「日本はずっとすごい国だった」と思い上がらないよう記憶されるべきと思います。

そのような日本が「奇跡」と称せられるほど飛躍できたのは、いろいろな幸運もありましたが、人びとがそれぞれ頑張ったのも大きかったでしょう。

たとえば、ソニーでトランジスター技術を開花させた菊池誠博士も頑張った一人です。米国ベル研究所などで、ハングリー精神で研鑽し、技術を持ち帰りました。

他にも大勢の人々が、業界や分野を問わず、頑張ったと思います。

60年代になると、欧米から「日本の経済復興の奇跡」が大注目されました。英『エコノミスト』は調査報告（邦訳『驚くべき日本』）をまとめ、経営学者ピーター・ドラッカーも米『ハーパーズマガジン』に論文を寄稿しています。

ドラッカーは「日本の経済復興の奇跡のことを口にしない唯一の人々は日本人自身」と言い、「この十年間で、日本は自由経済による方式、手段、政策などが、欧米以外の土壌でも非常に急速な経済的発展をもたらしうることを証明した」と指摘しました。

さまざまな角度から分析評価した後に、「日本は『ヨーロッパ的』国家ではないし、そうなろうと努めることは不可能でもあるし、またすべきことでもないことを、われわれは認識する必要がある」、「最も大切なのは、日本が『現代的』であると同時に『日本的』な方法で自らの問題を解決しなければならないということである」と締めくくりました。

これからの「縁起直し」でも心すべきことかもしれません。

今の時代に「縁起」を持ち出すのは古くさいかもしれませんが、方便としてのニュアンスも含め、「空気」を動かすためのテコにできないものか――。

このエッセイで「縁起直し」を唱える由縁です。

＊

今はどういう時代と総括できるでしょうか。

米国の著名なコンサルタント、トム・ピーターズいわく「『今この時が混乱の中にある』と思わないのは、ものごとをよく見ていないからだ」。

一部で景気が良さそうだとしても、このままでは心もとない感じもするいまの日本。

「縁起直し」で時代の「空気」をどう動かして、いい方向に新たな「風」を吹かすか。

振り返ると、「失われた30年」とも重なる「平成」の時代。

何はともあれ、「令和」の時代に何とか「縁起直し」に向かえれば、と願う次第です。

そこで、日本の縁起直しのためには、もう少し現実を見定めて、知恵を絞りだす必要がありそうです。

しかし、それは意外にむずかしいことかもしれません。いま表面的に見えている様子だけを「現実」と言っていいのかどうか。

見えているのは何か——見過ごせない10の出来事

最近に起きた出来事などで、見過ごせないと思ったものを、順不同で拾い上げて列挙します（社会保障など、広く言われ続けている問題は割愛）。

1．震度7の熊本地震（2016年）

「マグニチュード6や7クラスの直下型地震は、日本全国どこで起こってもおかしくない。活断層も把握できているものはごく一部。把握できていない活断層でも地震は起こっている。今回のような直下型地震は、日本全国、どこで起こってもおかしくないと認識すべきだ」（筑波大学の境有紀教授）――果たして、２０２４年1月に能登半島地震。

【疑問】不意の地震に備えて被害を軽減するための対策が全国で十分図られているか。

2．国内のインフラ・メンテナンスで課題山積（〜?年）

全国各地の道路橋、トンネル、公園、河川などの対策では人員や予算が不足。たとえば、自治体の管理で対策が必要な橋は対処完了まで、このままでは約20年を要する試算も。また、日本全国で水道管の劣化が進み、水道インフラも危機的な状況など。

【疑問】維持管理コスト負担の問題、インフラの量的削減などを厳密に検討できているか。

3．建設工事などで不正、品質不良、事故などトラブル続出（〜２０２３年）

際立つケースの一部を挙げると、マンション建設で大手事業者が建築基準法違反、ゼネコン大手施工の高層ビルで品質問題が発覚し竣工遅れ、建築中の高層ビル施工不良で解体・建て直し、大型ビル建設現場で作業員の死亡事故発生など。

【疑問】業界で適正な受注（工期、価格など）への配慮ができているか。他業界も含め、社会全体で品質管理や安全第一の意識が低くなっていないか。

4．日産自動車のカルロス・ゴーン元会長逮捕（２０１８年）

自らの報酬を実際より少なく記載していた、有価証券報告書の虚偽記載容疑。なぜ、ここに至るまで社内で動けなかったのか。経営幹部や社外取締役は何をしていたのか。ゴーン後任も日本の経済界からは、なかなか推薦できず。経済産業省の動きも見え隠れして、官と民の関係も健全なのかどうか——。

【疑問】 国際的に通用する経営人材の不足をどう補うのか。

5．国産の小型ジェット旅客機プロジェクト頓挫（2020年）

2008年に経済産業省が音頭をとって始まった開発は難航し、納入延期を繰り返した。1兆円を超える資金が投じられたものの、売り上げを立てるに至らず、撤退。

【疑問】 部分的な実績経験だけでは、複雑な巨大プロジェクトの取り組みは難しいのでは。

6．新型コロナウイルスの感染拡大（2020年）

当初、米国CDC（疾病対策センター）のような専門家集団の組織が日本にはないという指摘や専門知識のない官僚が感染症対策を担っているという批判があった。その後、CDCも米国で批判対象になり、世界的にも「想定外の新型コロナウイルス対策は、行き当たりばったり」という批判があって、混乱した。

【疑問】 次の非常事態に備える準備をして、うまく対処できる仕組みを作れるか。

7．日本銀行が量的質的金融緩和導入（2016年）

民間金融機関が日銀に預けている預金金利をマイナスにする「マイナス金利付き量的・質的金融緩和」を1月に導入、さらに9月に、金利を操作し景気を刺激するための施策として、「長短金利操作付き・量的質的金融緩和」を導入。政策金利の誘導目標に加え、長期金利の誘導水準を定め、その水準になるよう国債買入れを実施。

【疑問】金融政策正常化への道筋の検討や今までの政策効果の検証が十分できているのか。日銀批判がタブーになっていないか。政府との癒着が当たり前になっていないか。

8．国の基幹統計で国土交通省の長年の不正発覚（2021年）

全国の建設業者が請け負った毎月の受注額を調査する「建設工事受注動態統計」で、国交省が建設業者から提出された受注実績のデータを不正に書き換える二重計上が発覚。

【疑問】統計業務の重要性が理解されているか。なぜ担当する人材が不足しているのか。

9．制度未整備のままマイナンバーカードの交付開始（2016年）

マイナンバーは秘匿すべきものという設計思想があり、マイナンバーカードを使う多くの場合でマイナンバー自体は使われず、強制的に割り当てたマイナンバーに対し、そのカード作成は任意にした。後になって、それを強制的に健康保険証と一体化させようというチグハグさで、行政・関係者等は混乱・ドタバタ状態に。

【疑問】何のためのマイナンバーか、必要性をどう説明するのか。マイナンバーの全体像、仕様上の問題点・課題を政府はきちんと把握・理解していたか。

10. 国家補正予算編成の大規模化（2022年）

政府の総合経済対策のための2022年度2次補正予算が、財源の大半を国債追加発行により成立。巨額でありながら、財政支出の正当性が不透明。機動性などの利点があるとしても、国会、国民の監視の目が届きにくく、非効率で無駄な支出となり得る予備費が積み増された。本予算編成時からの環境変化に関係なく、経済対策を含む補正予算編成が常態化してきた。

【疑問】なぜ財政規律が大事なのか政治家は本当に理解しているのか、財政規律の緩みを軽視し過ぎていないか、予算の財政政策を評価できる情報が国民にオープンになっているか、なぜ予算が執行された結果は総合的に厳しく検証されないのか。

これだけでも「このままでは日本は危ないのではないか」と気がかりですが、これら以外にも気がかりで見過ごせない課題は、まだ山のようにありそうです。

ただし、世の中の気がかりなことをもぐら叩きのように追いかけるのでは、「縁起直し」にはなりにくいでしょう。何とか、気がかりなことをその根っこまで掘り下げ、そこを押さえていくことが大事です。その際、当り前と思っていたことや分かっているつもりのことなども見直す必要がありそうです。

列挙した事例をヒントに考えると、いまの日本には、ものごとを愚直に検討し、議論を徹底的に戦わすことが足りないのではないでしょうか。

一部の社会リーダー達が、ものごとの全体像をとらえないまま一面だけ見て分かったつもりになっていたり、練り上げないままの思い付きに自己満足していないでしょうか。

現実には、大地震や新型コロナウイルスのように、不意に想定外のことが起こります。自然災害だけでなく、大丈夫なはずだった物事がうまく行かないこともあります。見落としがあったり、見通しが甘かったり、目先のことだけしか見なかったり、運任せにさえなっていたりするかもしれません。もぐら叩きのように条件反射的にカネをつぎ込むだけで問題に対処できると思うのは甘いでしょう。何か具合が悪そうなことには、見て見ぬふりでうまく行くことを期待するならば、それも甘すぎます。

とにかく、しっかり現実を見定める必要があります。

たとえば、マイナンバー制度。シンプルにメリットを追求するべきシステムが、とんでもない迷走状態になりました。制度設計には見識のある専門家が携わったはずなのに、縁起の悪さを感じざるを得ません。

縁起の悪い考え方もありそうです。短期的な対応策のはずだった日銀の金融政策。最初はともかく、なかなか終わりがはっきり見えないのは、俊英が揃う組織をもってしても、どうにもならない縁起の悪さを示してはいないでしょうか。

言い方や言い回しで気になることも。たとえば金融、財政政策などで使われる「異次元」という言葉。便利な修飾語として扱われているうちに、手あかがついただけでなく、何やら縁起の悪さも染みつき始めた印象もあります。

何はともあれ、いまの日本は地道に知恵を働かせつつ、縁起直しを図るべきでしょう。

*

とにかく最後はカネで決着という場合も多いでしょうが、考えを巡らす前に銭勘定から始めるのはおかしい。脳味噌を絞って知恵を出していかないと、カネがいくらあっても足りません。「スピードが大事」という言い分には「急がば回れ」とも指摘したいところで、あくまで賢いカネの使い方を追求すべきです。

いま直面する問題に知恵を出すべき場面は至るところにありますが、経営学者ピーター・ドラッカーが「間違った問題への正しい答えほど、始末に負えないものはない」と言ったように、知恵を絞る前に、現実を正しく認識して、問題を正しく捉える必要があります。しかし、いま見えているものだけが「現実」と言えるのか、そもそも「現実」とは？

現実に向き合う――データの見方にも十分な注意を

「広告は時代の空気の記録係」という見方があります（コラムニスト・天野祐吉）。

たとえば、１９６０年代の空気を鮮明に映しとったのが、トリス・ウイスキーの広告でした――。

「野球中継がスポンサーの御好意もなく途中で打ちきられても、腹をたてるなよ！　紳士なら野球通なら　思いをこめて　トリスを飲もう！……」「…プールサイドにトリスあり　故にわれあり故に愉快なり…」など、豊かさを追い始めた時代を感じさせます。

それでは、いまの空気をイキイキと感じさせるような広告（CM）が何かあるだろうか。

実際はモヤッとした状況の中、社会全体が「長いものには巻かれよ」「和を以て貴しとなす」のような相変わらずの処世術で、何となく流れに身を任せる感じではないでしょうか。生き生きと映しとれるようなものに乏しく、「時代の空気の記録」をまとめにくいのではないか。ここからも「縁起直し」を考えるべき時、と言えるかもしれません。

＊

統計数理研究所が長期にわたり継続実施している「日本人の国民性調査」によれば、調査項目「自分が正しいと思えば世のしきたりに反しても、それをおし通すべきだと思いますか」で「おし通せ」という回答が、左図のように次第に減っているのは、「長いものには巻かれよ」なのか、現実に疑問を感じなくなっているからか――。

2017年のゼミで森友・加計学園問題を取り上げた山崎望・駒沢大学教授は、学生の7割が安倍政権を肯定する意見だったといいます。学生は「理屈ではなく感覚的に『安定に浸っていたい、少数派になりたくない』と思っている」だけで、首相への熱烈な支持、信頼感があるわけではない、と(『朝日新聞グローブ』2020年10月4日付)。

2020年の緊急事態宣言解除後に、新型コロナ対策について学生にリポート課題を出した中川淳司・中央学院大学教授も「政権批判はほとんどなかった」と言います。

東京大学の阿古智子教授によれば、教育の現場では「偏った内容の教育と言われるのが怖くて、論争になっているテーマを教えることは避けようとする」傾向を教員から聞くそうで、表面的に平穏なのは「事なかれ主義」の実態があるようです(『現代ビジネス』2019年8月20日付)。

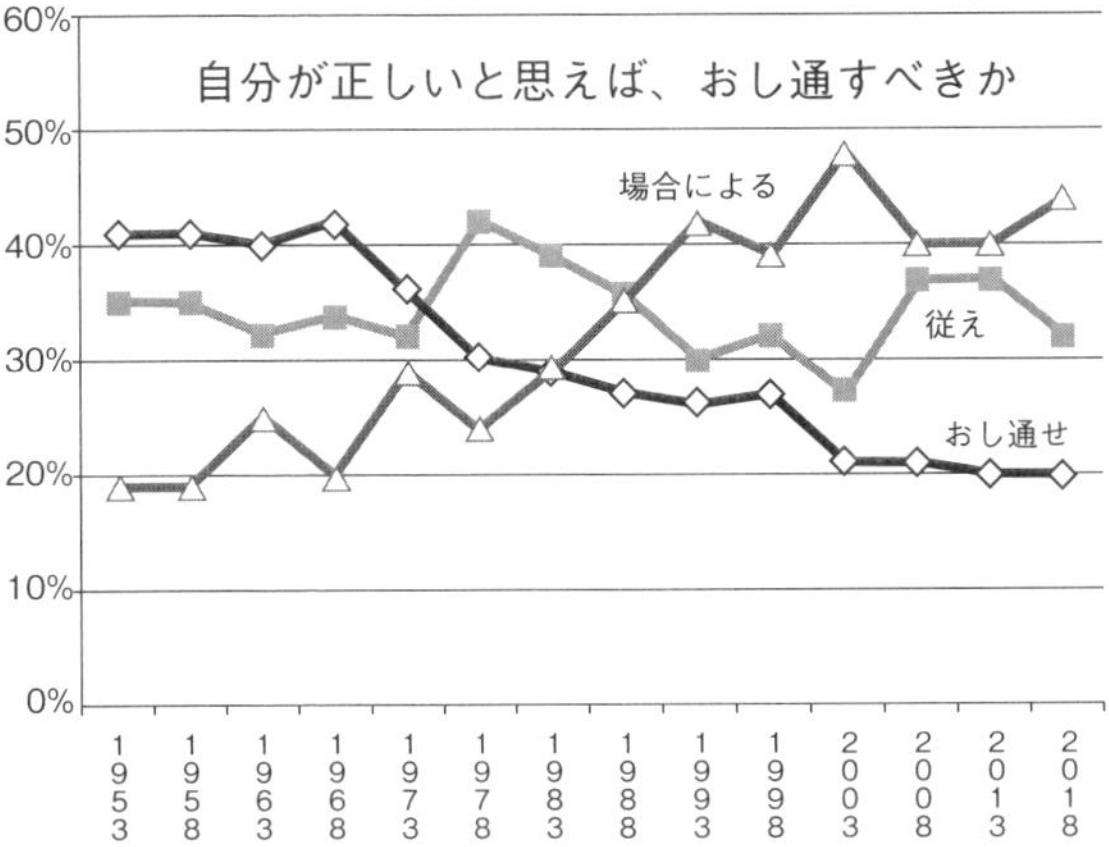

「個人的態度(しきたりに従うか)」集計グラフ
「日本人の国民性調査」統計数理研究所(2021年)より

事態の根深さも感じさせる新聞のコラムを目に

しました。

かつて自民党議員が「国立大の教員は、そもそも文部科学相の部下なんだ」と発言。

それについて、コラム子は「時に政府の施策を批判する学者への冷たいまなざしを感じた」（傍点＝筆者）と。

何故そのような情緒的な言い方になるのか。発言への批判をズバリ書けないコラム子には政治家を怖がる「事なかれ主義」が身にしみついているのか――。

＊

国の重要な基幹統計調査として実施される「毎月勤労統計」（厚労省の所掌）で不正処理が約10年間も続けられていたことが２０１８年に発覚しました。その責任者も「不正」を追認するだけ。統計法に基づく基幹統計調査の結果は、景気判断や各種政策決定で参照されるなど、国民生活に深く関わっているにもかかわらず、外部からは処理プロセスが不透明なままです。

さらに、不正チェックした後のはずの翌年に同じ統計で再び不正が発覚。日銀出身の鈴木卓実エコノミストは、「統計部署は閑職扱いの役所が多く、公務員改革のたびに大幅に人員削減されてきた」と言います（『日経ビジネス・オンライン』「今、統計の現場で起きている危険なこと」２０１９年9月25日付）。

他の統計調査でも発生している問題は、単なる「集計ミス」「個人のミス」と矮小化されがちですが、そもそも「家計調査などの訪問依頼がしにくくなり、調査回答率も下がり続けるような統計調査の仕組みに抜本的な対策が講じられない」と同氏は指摘します。

しかし、内外から問題を訴える声も強くは上がらず、これは「事なかれ主義」以上の由々しき事態です。

このような危機的とも言えそうな状況で、公的統計が日本の現実をどこまで正しく示していると言えるのか、これで日本の将来設計がきちんとできるのか、諸外国との国際比較がまともにできるのでしょうか。

「長いものには巻かれよ」が「事なかれ主義」に、さらにそれが「悪質な不作為」に転化していくのを防ぐには、現実の問題を直視しチェックできるように、情報公開や関連リテラシー（統計などの）向上が求められます。

＊

ものごとの現実を数字で見ると、何となく実態を正確に見た気持ちになったりします。「数字」は客観的で主観は入らないと思われがち。しかし、そもそも何の数値を調べて、それをどう使うか、を決める段階で主観的判断が入るかもしれません。

予測値の場合、どんな結果になってほしいかという願望も入り得ます。その問題に利害が絡む人々が数字を操作したかもしれない可能性も。たとえば、地味な数字ではインパクトがない、と思う人がいれば、どうなるか。

どんな場合でも「完全なデータ」というものはなく、データは不完全であることを覚悟しておくべきでしょう。

統計学者ネイト・シルバーは、「私たちは、普段、データにどれだけ多くのノイズ（雑音）が含まれているか分かっていない。政治記者は、世論調査が発表されたとき、そこに誤差があることを忘れる。経済記者は、ほとんどの経済統計が不正確であることを伝えきれずにいて、外れ値がニュースになる」と言います（『シグナル&ノイズ』）。

「2％」という数字が物価安定目標として重みをもっているようですが、伝説のポール・ボルカー元米連邦準備理事会（FRB）議長がインタビューで、物価上昇率について「1・75％か2％か、そんな細かい詳細を憂慮するのはばかげている」と語っています（『フィナンシャル・タイムズ』2018年10月26日付）。

「インフレ目標2％」は、約30年前のニュージーランド準備銀行が決めた基準が各国にも広まっただけで、科学的な検証を経た基準ではなく、大した根拠がないようです（『日経マネー』2023年10月16日付）。

日銀の「2％の物価安定目標」は硬直的との批判もしばしば見られました。白井さゆり元日銀審議委員は、既に2017年時点で「2％の物価安定目標に上下1％を許容範囲とすればよいのでは」と指摘（『日経電子版』2017年11月27日付）。

『ウォールストリートジャーナル』記事（「経済データの問題は悪化」2023年9月8日付）は「統計は正確かつ精密という考えに人々は固執しているが、実際はそうではない」と言うエコノミストの意見を紹介し、当初は好調だった雇用統計が後に大幅に下方修正されたり、経済成長率が下方修正された後に上方修正されたりした、などと米国での統計数値の修正例を示しています。

これは米国に限らず、景気認識がずれて、誤った資本配分や政府の政策にも影響を与えうる問題です。

日本ではＧＤＰ（国内総生産）の潜在成長率が急に年率0.7％から1.1％に引き上げられたことがあります。これは政府のＧＤＰ統計推計方法が変更された（２０１６年）だけで、経済の実態が良くなったのではありませんでした。政治に関わる数字を見るときも特に注意が必要です。

様々な数字が独り歩きしている現在、ノーベル経済学者サイモン・クズネッツは「統計数値と生活の実感がくい違ったときは、実感が正しい」と言います。

「物価の基準が古くなり、生活実態とのズレ」を指摘する記事もあります（『日経新聞』２０２３年９月30日付）。

「消費者物価指数は、様々な商品の値段を過去の平均的な買い物の割合に応じて足し上げる仕組み。昨今のエネルギー高のように消費の比重まで変わるほど急激な動きは反映しにくい。最近の支出実態に基づく別の計算法では、直近のインフレ率は0.5ポイントも上振れする」と。有力エコノミストの予想もコロナ禍の頃から大きく外れだしたようで、景気の把握や政策判断への影響は無視できません。

経済の現状を確認・分析したり、先行きを予測したりするために、各種統計が活用されていますが、それぞれの統計がどう作られているかを見定めると、さまざまな問題が見えてきます。たとえば、商品やサービスの月ごとの値動きを示す消費者物価指数は、総務省が全国の自治体の調査員から集めた物価データを集計します。

独立行政法人統計センターの椿広計・元理事長によると、作業負荷が重いにもかかわらず、各自治体の調査担当職員が減っている上に、政府統計に携わる中央省庁の職員も今世紀に入り半減しているそうです。かつては「どの役所にも『プロだな』という人がいたが、最近はそういう人たちの名前を聞かなくなった」とも（『朝日新聞』２０１９年3月23日付）。

新型コロナウイルス感染者の統計にも様々な問題がありました。

まず、自治体によって集計基準がバラバラ（たとえば再陽性者数の把握など）。また、感染者数と共に重要な指標の陽性率では、計算式の分子（陽性者数）、分母（検査人数）が同一日で揃っているか、検査人数を全ての自治体が公表しているか、等の問題も。

民間の統計に目を移すと、近年のマスコミの世論調査は、手間とコストが少なくて済む電話調査ですが、本当に国民の意見の縮図になっているか。

その一般的な調査手順では、固定電話と携帯電話で実際に使われている番号をランダムに選び、電話に出た個人に調査を依頼します。固定電話と携帯電話のバランスや人口分布の補正などがされているとしても、現実を正しく反映できるのか。このやり方では依頼に応じやすい人の回答が多くなり、調査結果に偏りが出ないか。世論調査を鵜呑みにせず、傾向の変化、各社比較など、その読み方、使い方にも工夫が必要でしょう。

「内閣支持率調査の回答者層と実際の選挙での投票者層にズレがある」可能性を指摘するコラム記事がありました（『日経新聞』2023年9月23日付）。

世論調査では、統計学的に回答者の偏りが生じないようにしながら、「すべての有権者にリーチしようとするが、現実の選挙では近年、投票率が劇的に下がり、有権者の約半分しか投票しない。経験則では、政権を強く批判する人ほど投票に行かない傾向がある。一方、選挙では与党の支持者は熱心に投票に行く」ので「支持率と選挙結果は必ずしもパラレルではない」と。

＊

現実的な判断をするためには根拠が求められます。ヒト・モノ・カネを適切に配分・配置するためには、その裏付けとなるデータが必要です。しかし、集められ用意されたデータに十分な注意を払わないと、その扱い次第で誤った判断につながります。

たとえば、データが量的・質的に不十分だったり、データを間違って理解・解釈したり、現実とずれた前提条件から得られたデータを不適切に利用するなど、注意すべき点は多くあります。

終戦直後の吉田茂とマッカーサーのやり取りが有名です。

マッカーサー元帥「日本の統計はデタラメだ！」

吉田茂外相「当り前だ。統計が正確なら、あんなバカげた戦争はしないし、統計通りだったら当方が勝てた」

その後、首相になった吉田茂は、戦後の復興には正確な統計に基づく計画策定が必要であるとして、統計制度改革に尽力しました。

＊

たとえば、「すべてのカラスは黒い」ということに疑問があるとき、一羽でも「白いカラス」を現実に見つければ、それだけで、その疑問は「正当」と認められます。

実験で手っ取り早く結果を得ようとする人達の中には、極端な例ですが、医学の世界では自分の身体で人体実験をした人達がいました。

19世紀の医学者コッホの発見したコレラ菌を、当時ドイツ医学界の大御所が信用せず、コレラ菌を自分で飲んでみせたそうです（少し下痢をしただけでコレラにはかからず）。

また百年以上前には、「水銀は毒ではない」と言って水銀を飲み込んだ米国の医師がいたとか。昔は水銀が反応して有機水銀（水俣病を引き起こす）になりやすいことなど、詳しく知られておらず、日本でも原因がつかめないまま「水俣病は風土病」といわれた時期もありました。

このような一人（一件）だけの「実験」データでは通常の仮説などは証明できませんが、通説を覆すような仮説検証の手段になった例もあります。

ピロリ菌が胃潰瘍と関連があると考えたオーストラリアの研究者は、ピロリ菌を自ら飲み込み胃潰瘍となり、さらに研究を進めてノーベル医学賞を受賞しました。

＊

現実の問題の捉え方を誤る場合がありうることにも注意すべきです。問題を解決しようとしたのに、意図せざる結果を招き、実際には問題を悪化させてしまう「コブラ効果」というものがあります。

これは、植民地インドを統治していた英国の総督府の施策に由来します。総督府は現地でのコブラ被害を心配し、コブラの死骸に対して報酬を与えるようにしたところ、報酬目的に人々がコブラを飼育し始めたため、政府はこの施策を中止。当ての外れた人々はコブラを野に放ち、コブラが施策前より増えてしまったとか。

＊

疑似的に現実を調べるために、各種のシミュレーションがよく利用されます。

日本政策投資銀行の足立慎一郎・地域企画部担当部長は、水道インフラのシミュレーションで、30年後には全国平均で水道料金を6割以上値上げしなければならないという結果を得た、と言います（『日経ビジネス・オンライン』２０１９年4月15日付）。

人口減少が予測される日本では、水道事業の収益が悪化する中で、寿命切れの水道管が増加。その更新投資には莫大な資金が必要とされ、既に水道料金の値上げをしている自治体もあります。値上げを少しでも抑制するための一案として、水道事業の運営を民間に委託する方式の導入も期待されますが、うまく官民連携を進めるためには、かなり知恵を絞る必要もありそうです。

スーパーコンピューター「富岳」を使った「新型コロナウイルスの飛沫感染」シミュレーション結果が2020年に報告され、マスク着用が咳による飛沫・エアロゾルの飛散を抑えている様子などがビジュアルに報道されました。

しかし、当シミュレーションの目的は飛沫の到達状況を調べることであって、実際の感染については触れられませんでした。

シミュレーションの利用では、その限界も把握して万能視しないことも大切です。

シミュレーションのモデルには「数学」を使わないようなタイプもあります。

たとえば、民間シンクタンクが主催した「台湾有事」への対応シミュレーションなどは、中国と台湾の間で発生しうる軍事衝突のシナリオを複数用意して、政府関係者等が参加する「軍事作戦演習」ともいうべきものでした（『東洋経済オンライン』2023年7月31日付）。

このような場合、最悪の事態を想定する意味などは十分あっても、シナリオの妥当性やシミュレーション結果については、しっかり吟味する必要があるでしょう。

畑中龍太郎・元金融庁長官は「首都直下地震は東日本大震災をはるかに超える事態を想定しておく必要がある」と警告します（『朝日新聞デジタル』2021年6月16日付）。

「霞が関の庁舎が崩壊して機能せず、大臣以下が執務不能なども十分あり得る」と。

危機的状況を想定した周到な事前準備は欠かせず、想定外の事態にならないように、シビアな事態を想定したシミュレーションなどで備えておくことが大事でしょう。

今後見直される予定ですが、２０１３年に公表された首都直下地震の政府被害想定は、都心南部を震源とするマグニチュード7.3の地震での「最悪の想定」とされました。

しかし、報告書には「被害の様相は、あくまで一つの想定として作成したものであり、実際に首都直下地震が発生した場合に、この様相どおりの事象が必ず発生するというものではないことに留意が必要」との注釈があります。

それでも、死者数２万３０００人、全壊・焼失61万棟、経済被害額95兆円などが「最悪」とみなされる根拠は示されず、想定される地震発生の季節や時間帯、建物の被害に影響する揺れの特性（周期が長いか短いか）なども分かりません。

これから見直される被害想定では、複数シナリオの精緻なシミュレーション結果を詳細に開示してほしいものです。

地震予知と同様に、発生する確率を考えるものに天気予報があります。

天気予報は、大気の流れ、雨を降らせる雲の動き、太陽からの熱などを方程式で表現した気象予測モデルをスーパーコンピューター上でシミュレーションした結果です。

地球温暖化予測も同様にシミュレーション・モデルを利用しますが、違いがあります。

隈健一・元気象研究所長は「気象の予測は、時間がたてば白黒がはっきりするので、結果検証をしてモデルの改善を図っていくことができるが、地球温暖化予測は50年、１００年先の話で、その予測モデルの正しさは、すぐには分かりません。検証が不可能で、かつ不確実性を含む予測をもとに、私たちはどうすべきなのか。これは、社会の側に突き付けられた課題」と言います（『日経BOOKプラス』「異常気象は温暖化がもたらしているのか」2022年9月6日付）。

ハーバード大学教授の科学哲学者ナオミ・オレスケスは、「あるシミュレーションが現実の現象を正確に表現あるいは予測できたとしても、そのモデルは検証されたことにはならない。それがモデルと現実の間の正真正銘の一致なのか、偶然の一致なのか、誰にも断言できない。他の前提に基づいた別のモデルが、同じ結果を生むことも常に可能」と強調しています。

また、『成長の限界』で有名なローマクラブのシミュレーション責任者も、数字合わせになりがちで、あまり込み入った複雑なモデルは使うべきではない、と指摘します。

一般的にシミュレーション結果は科学的根拠に基づいた信頼性の高いものと見なされることも多いですが、シミュレーションを利用する際は、それが何か重要な要因を見過ごしていないか、前提条件やモデルの近似性など、十分に吟味することが必要です。

シミュレーション・モデルの性格について、伊理正夫・東京大学名誉教授は「モデルは、現実そのものではなく、そこに内在する本質（の一部）をいくらか簡単化して取り出したものである。取り出さなかったものは捨てられる。抽象・捨象はそれに関わる人の主観的な行為である。」と指摘します。

シミュレーション結果を利用して「現実」に向き合うときは、そのモデルの性格や前提などを十分に理解しておくことも大切です。

＊

物事は、ちょっとしたことで、その見え方の変わることがあります。たとえば、次のような図形（上側）には縦線が10本引かれていますが、対角線に沿って上下を切り離し、下の部分を少し左にずらすと、縦線が9本になってしまいます（よくよく見ると、上側の図形の縦線の長さは、下側の図形の縦線より短く、下側の図形で一本ごとに伸びた長さの合計が、上側の図形から減った一本分の長さに見合っています）。

これは単純な図形を操作した場合の話ですが、世の中では同じものに対しても、見え方が変わることはよくあります。化粧次第で変わるのは人だけでなく、企業会計の粉飾決算のように数字をいじる厚化粧もあったりします。

人の思い込みこそ現実という見方もあります。（アル・ライズ、ジャック・トラウト『マーケティング22の法則』）ビジネスの世界では、商品やサービスを売るために市場調査などを行い、「現実」を把握しようと励みますが、同書によれば、客観的な現実など存在せず、あらゆる事実は相対的であって、商品が売れるかどうかは、それを人びとがどう思うかで決まる、と言います。

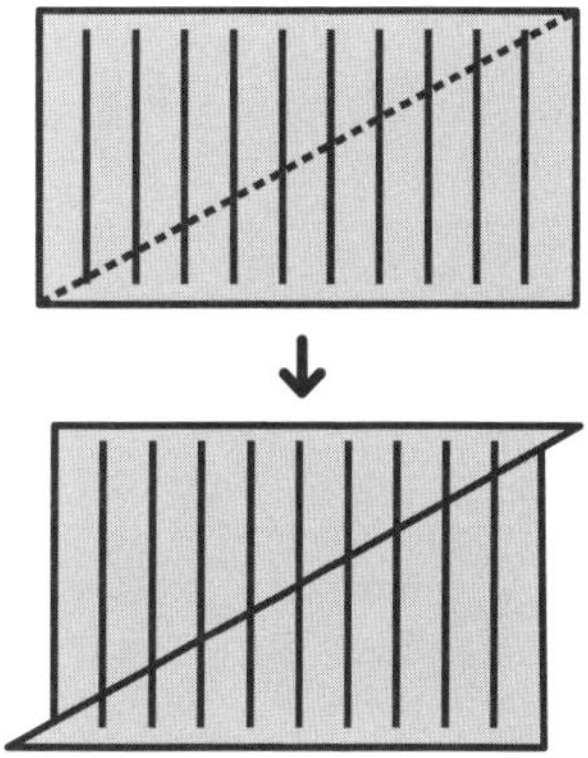

図形消滅パズル

隠し絵の例

カニッツァの三角形

このようなことはマーケティングの領域に限らず、世の中の「事実」は相対的であって、程度の差はあっても、事実とその知覚が心の中で混ざっている、と考えるべきかもしれません。

人は、何かを見たとき、「足りないもの」を自分で埋め合わせ、それを「リアル」なものとします。たとえば、黒いパックマンだけが描かれた図でも、その配置から白地の三角形が見えるはずです。それが存在する、と思い込んだものは、たとえ現実には存在しなくても、存在するものとみなされます。足りない情報（三角形の辺を表す直線）があったとしても、それは補われて実在するかのようになり得ます。

上図は、若い女性と年老いた女性の二通りに見える例です（若い女性は左奥を見ており、年老いた女性は左方向を見ていて左目が若い女性の左耳に当たります）。

ちょっとしたことで実際の見え方が変わる現実を、十分に認識しておくべきです。

＊

また、データを間違って理解・解釈する可能性にも注意が必要です。たとえば、現実にランダムな現象が起きていても、それがランダムに見えるとは限りません。

左図は20回連続のコイン投げを8ケース繰り返した例で、グラフの縦軸は、1回ごとにコインが表なら+1、裏なら-1を足した累計を示し、横軸は、20回中の何回目かを示します。

一見して、ランダムな変動をしているグラフには見えません。すべてランダムに行われたはずなのに、一度プラスになるとなかなか沈まず、逆にマイナスになると沈みっ放しになりがち、のような動きです。

仮に、これが8人の営業成績のグラフとすれば、たちまち優良か不良の評価ができそうです。しかし、このようなデータは50％の確率のランダム事象の繰り返しで普通に得られることを知っておくべきで、データを表面的に見ただけで、安易に「ストーリー」を作り上げるのは間違いです。

偶然に関わることでは、もうそろそろ、まだまだ、など色々思い入れもありそうです。

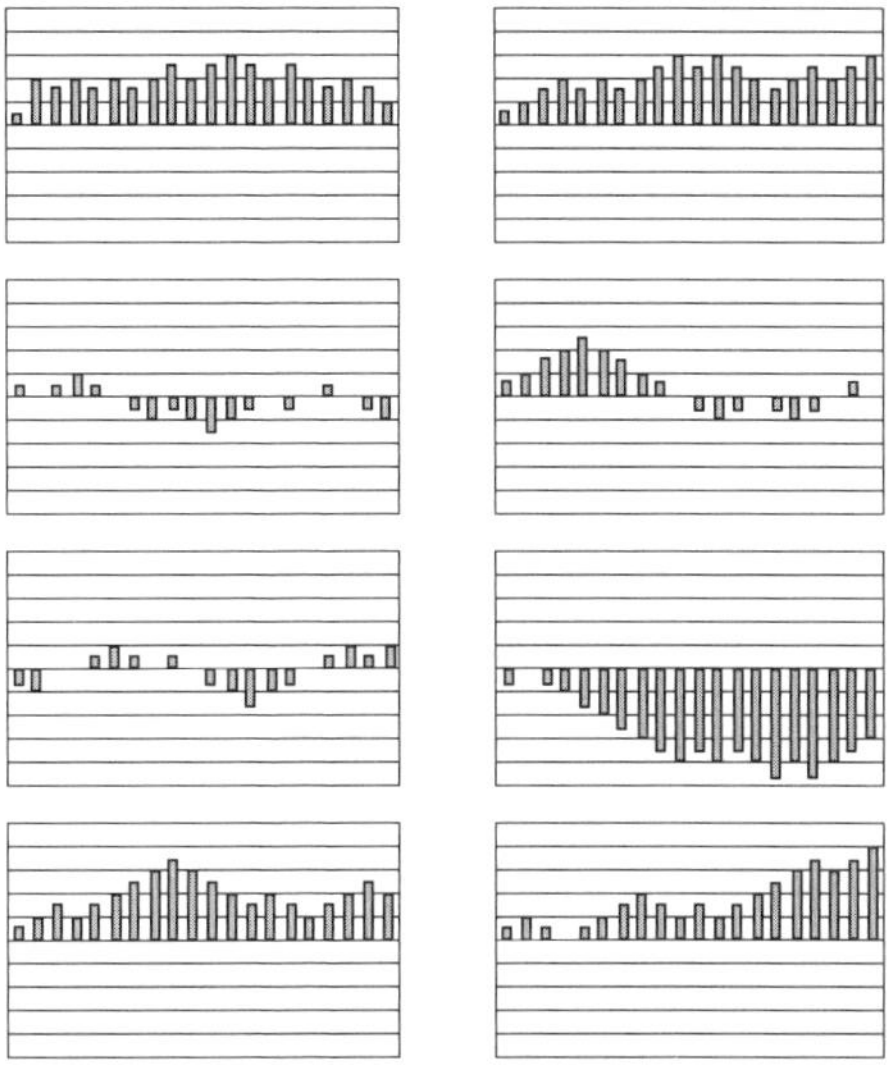

筆者作成

たとえば、ふつうにコインを5回投げて5回とも「表」だったら、そろそろ次は「裏」だろうと思いがちでしょう。それでも「ギャンブラー」を自任するならば「流れが傾いている」として、次も「表」と思うかもしれません。確率論的には、どちらも「思い違い」ですが、ふつうの人は冷静に偶然と向き合うことができず、カジノなどに貢ぐことにも。

データを間違って理解・解釈することにも注意が必要な一例です。

偶然の出来事が、成功例や失敗例と、決めつけられることもよくありそうです。

テレビ番組の新企画で、高視聴率を取れると思ったのにダメだったケース、期待されなかったのに高視聴率が得られたケースなど、後付けの理由が持ち出されるでしょうが、単に「たまたま」だっただけかもしれません。ハリウッド映画でも、当たるか当たらないかは誰にも前もって分からないと言われます。古くは『スターウォーズ』、最近は『バービー』が予想外の大ヒットになりました。これらは「偶然」だけではないかもしれませんが。

＊

左図は厚生労働省・国民生活基礎調査（2023年）からの所得分布グラフです（所得金額階級別世帯数の相対度数分布）。

一見してわかるように、平均所得より下方に多くのデータがあり、全体の分布は右に長く裾を引く形で、金額に関わるデータの典型的な分布パターンです。

一般にデータ全体を要約する代表値として平均値が使われますが、このようなデータ分布の場合、平均値だけを見て現実を把握できるかどうか。たとえば、テストの成績偏差値などのように釣鐘型の分布になるデータは平均値がふさわしいですが、このようにデータ分布が左右対称でない場合は、データの代表値として中央値の方が適切です。

　中央値は、全データを大きさ（金額など）の順に並べたときの真中にあるデータの値として求められます（さらに所得格差が大きく、「ウルトラリッチ」のような高額所得者など極端な「外れ値」がある場合も、データの代表値は中央値にすべきです）。

　下のグラフの場合、所得金額階級別では「１００～２００万円未満」が15％弱で最も多く、４０５万円（中央値）以下の所得層が全体の半分で、平均値５２４万円とはギャップがあります。国民の所得水準の年ごとの推移を見る

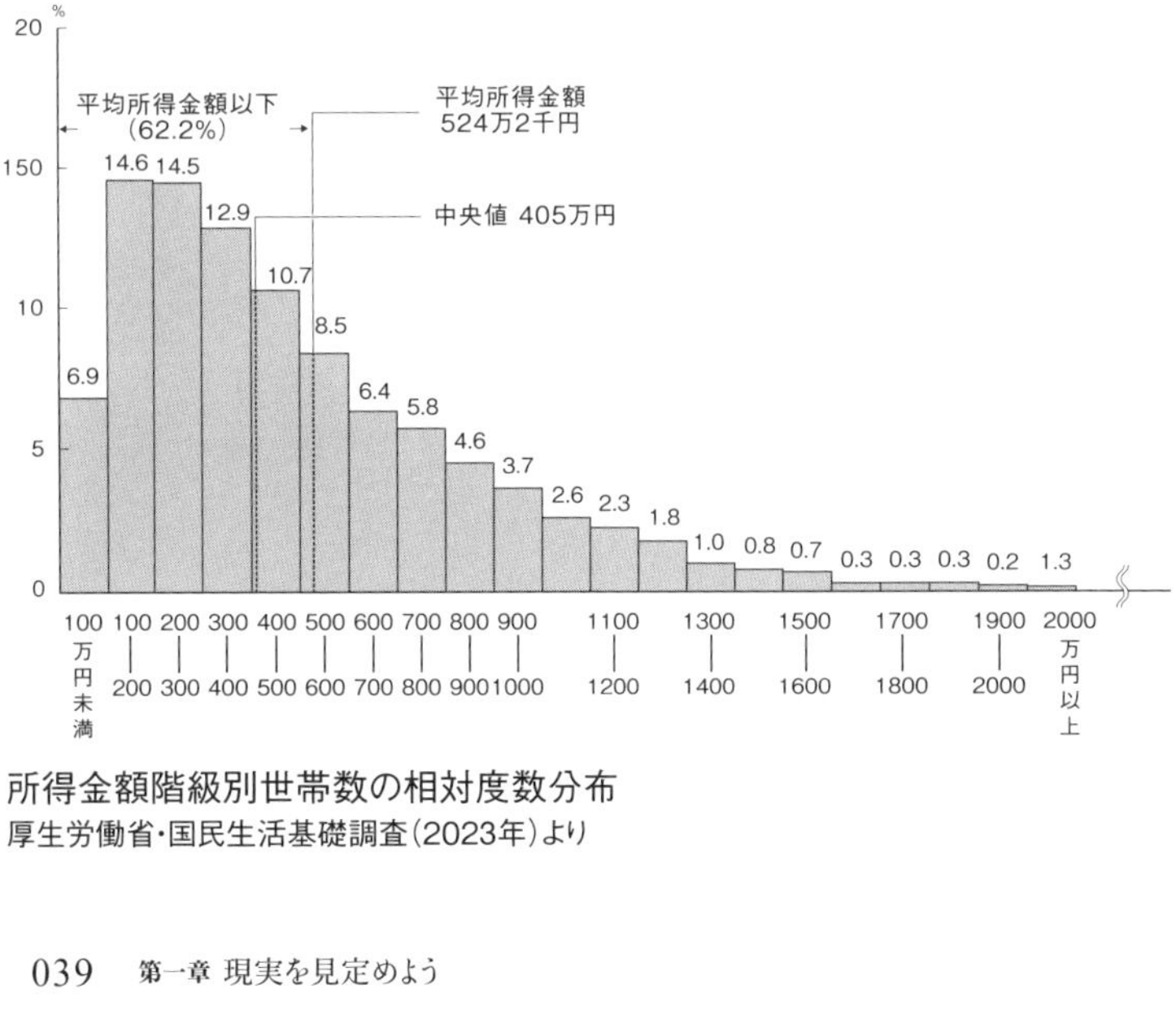

所得金額階級別世帯数の相対度数分布

厚生労働省・国民生活基礎調査（2023年）より

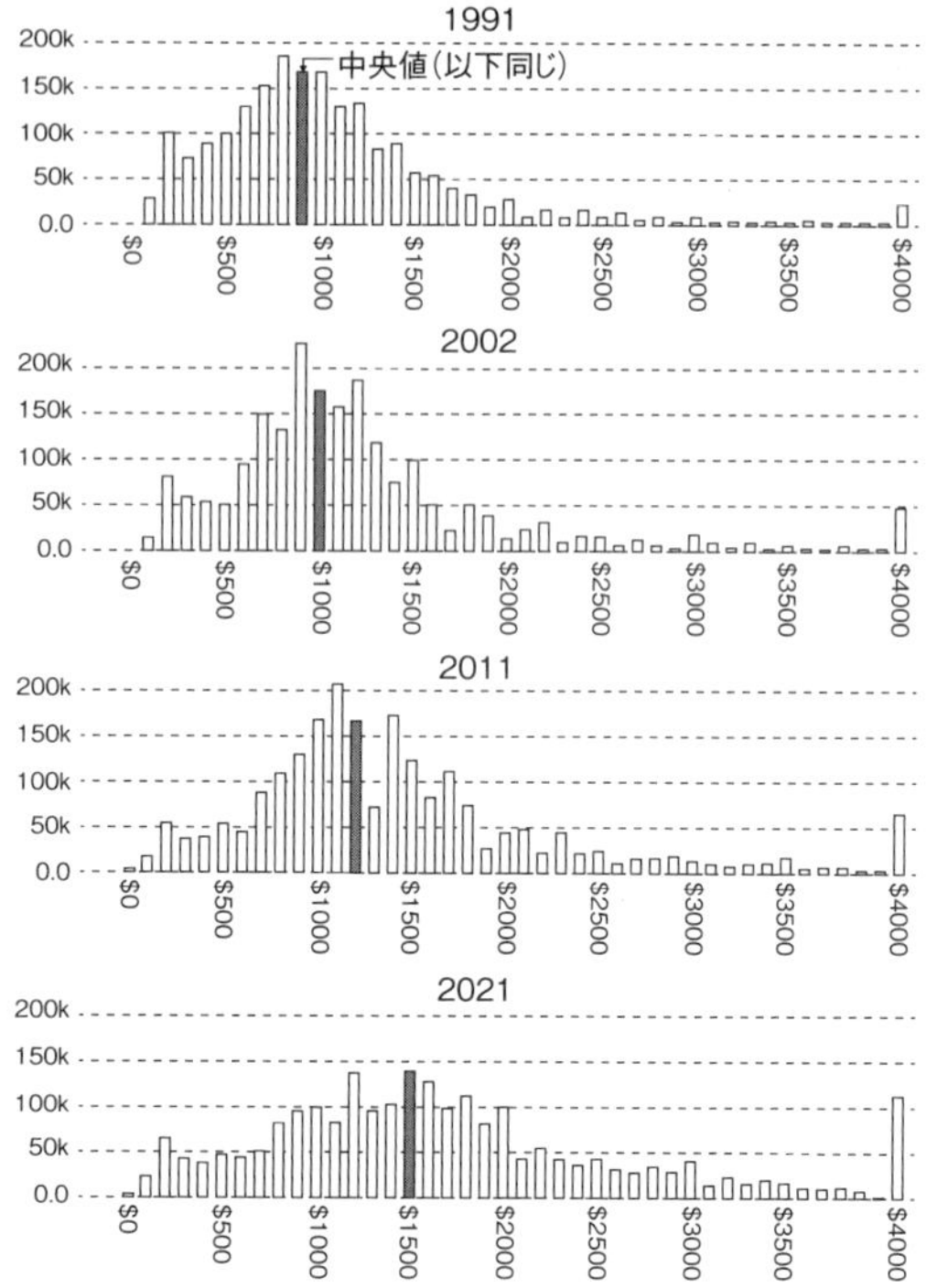

ニューヨーク市・月額家賃分布の推移　NYCHVS 2022年

のであれば、平均値を比較していても大体の様子が分かりますが、現在の所得水準を調べるのであれば、まず中央値を見るべきでしょう。

不動産関係のデータも金額に関わるものは、左右非対称の分布になります。したがって、マンション販売価格や建売住宅価格などは、平均値とともに中央値も見るべきですが、日本では平均値だけが紹介されます。価格の推移パターンについては平均値の動きを追うことで傾向が分かるかもしれませんが、価格水準を平均値で要約するのは問題です。

米国では、右のグラフでも分かるように、ちゃんと中央値が公表されています。

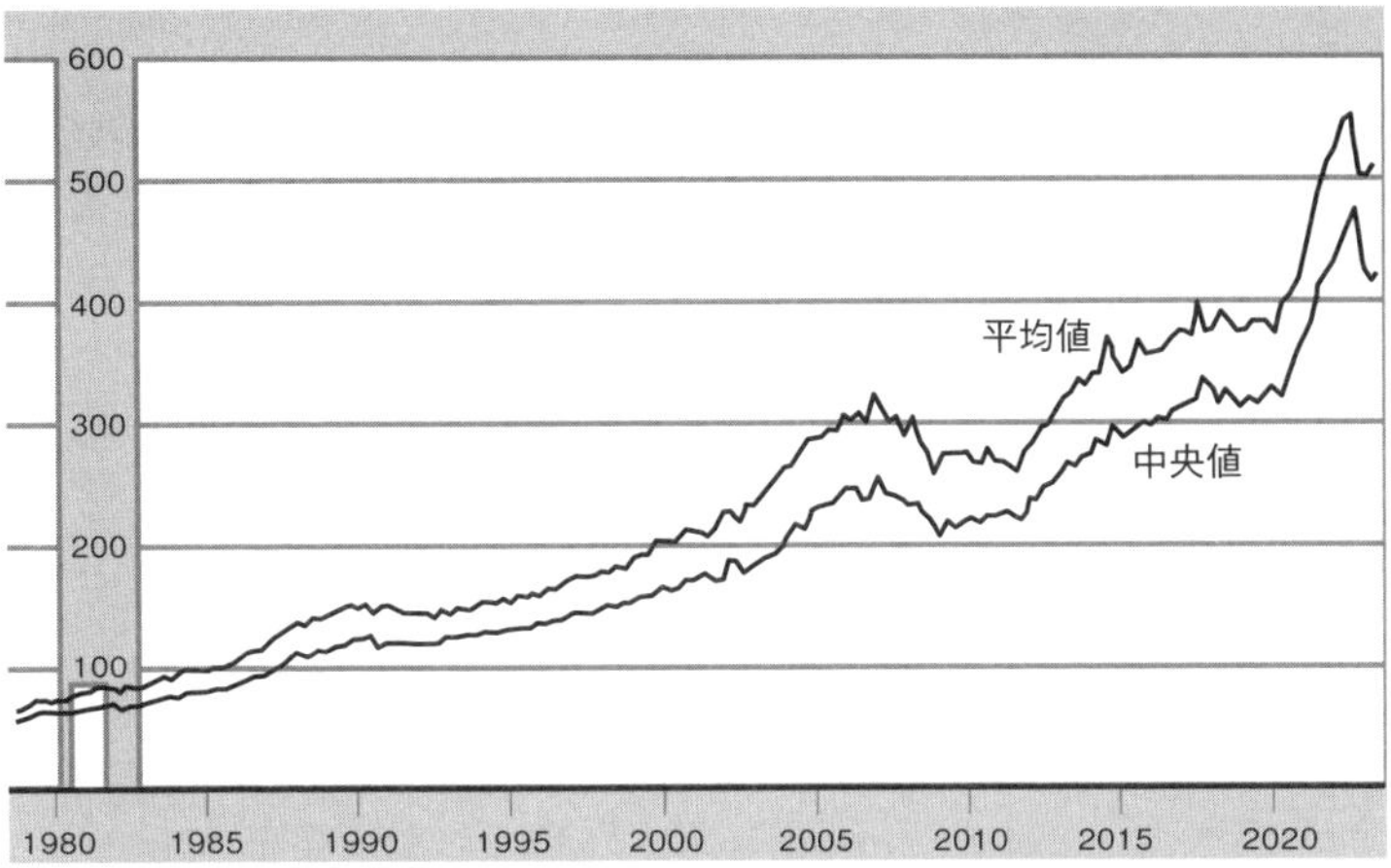

全米住宅販売価格推移　Census, HUD 2024年

たとえば、ニューヨークの家賃の分布を見ると、右端の最高価格帯の物件が年ごとに多くなっていること、2021年は高価格帯の物件が増えて分布の形が前よりフラットになっていること、中央値も次第に大きくなる傾向があること等が分かります。

中央値と平均値の関係については、上の住宅販売価格の推移グラフで様子が分かります。価格の動きは両者で似たパターンを示していますが、年を追うごとに平均値と中央値の乖離の幅が広がっているのは、高額物件が増加した影響と考えられます。

このような中央値と平均値の傾向やパターンは日米で大きくは変わらないはずなので、日本での「マンション平均価格が○○円を超えた」のようなメッセージは参考程度に受けとめるべきでしょう。

学習院大学の櫨浩一特別客員教授は、特に高齢者の資産については格差が大きいので、注意が必要と指摘します（『東洋経済オンライン』「格差時代の統計では『中央値』の公表が必要だ」２０１８年3月31日付）。

高齢者世帯が平均では二千万円以上の金融資産を保有していても、金融資産を保有する世帯の中央値は千数百万円で、金融資産がゼロの世帯も存在することを考えるべき、と。たとえば、高齢者の多くが二千万円以上の金融資産を保有しているという前提と、千数百万円を下回る世帯が多い前提で考えるのとでは、日本社会の老後生活保障制度の設計は異なってくるでしょう。よく「高齢者」を一括りにする議論を見かけますが、さまざまな面で「高齢者」についてはバラツキが大きいことを忘れるべきではありません。

日本の現実に向き合う際には、データの見方にも十分な注意を払うべきで、それが「縁起直し」を支えるベースにもなるはずです。

何でも白日のもとに——見過ごされている現実

２０２２年の安倍晋三元首相国葬に関して、２０２３年に共同通信が内閣府に招待者名簿などを情報公開請求したところ、7割以上の氏名が黒塗りでした。約12億円の経費を全額国費で賄っている「国の儀式」で透明性が極めて低いのは何故か。どういうプロセスで、誰がオープンにしないことを決めたのか。

世の中には、隠されたり、表に出てこなかったり、見つけにくかったりするものがあります。メディアが取り上げず、見過ごされている現実も多いはずです。

本来、メディアは国民に情報を提供することが役目のはずで、記者は現実を伝えることを第一に心がけるべきでしょう。

しかし、「新聞は取り上げたいとき情報を提供し、取り上げたくないときは適当にやり過ごす」と、新聞のご都合主義を指摘する湯浅誠・東京大学特任教授は、消費増税にともなう低所得者対策として新聞への軽減税率の適用が決まったときの新聞の「現実」の取り上げ方と論調を批判します（『朝日新聞』「『取り上げない』というリスク」２０１９年4月16日付）。

昨今、ふつうに「お金のない人が情報を得る手段」を聞けば、まず「スマホ」「ネット」などの答えになるはずなのに、「定期購読される新聞」が軽減税率の対象になりました。

当時の新聞の社説では「重く受け止めねばならない」「使命を強く自覚したい」と触れるだけで、議論を展開する姿勢がないことを湯浅特任教授は批判します。

メディアの報道姿勢については、気になる実態が紹介されています。

ジャーナリストの藤倉善郎によると、宗教団体の報道では「訴訟にならなくても抗議文が来るだけで、社内で上司の責任問題になる」（大手新聞記者の発言）と（『東洋経済オンライン』２０２３年2月5日付）。

大手メディアや政治が旧統一教会の問題を見過ごしてきたことを指す「空白の30年」という言葉まであるらしい。メディアの側に、面倒なこと、トラブルを避ける傾向がみられるようです。メディア側が「被害を語る側の言い分だけで…」のように言い訳するならば、それは報道の自由を自ら否定するように聞こえます。

これは「事なかれ主義」の体質と言うべきなのでしょうか。

＊

田中俊一・前原子力規制委員長はインタビュー記事で、議論のプロセスを完全に透明にすることが大事、と言います（『朝日新聞』「一にも二にも透明性」2020年8月20日付）。

「規制委員会では専門家会合もすべてオープンにした。そうすると、専門家が緊張感を持つようになった。普通の諮問会議だと、評論家みたいなことを言う人が必ずいますが、公開にすれば無責任な発言はできなくなる。いま専門家に何が求められているかを認識して、では何をすべきか、政治に何をしてもらうかを率直に議論するようになるはず」と。

日本の予算制度の根本的な問題として、透明性の低さを指摘するのは田中秀明・明治大学教授です（『ダイヤモンドオンライン』2013年1月9日付）。

ここでの透明性とは、財政政策を評価するための情報が国民に理解できるように公開されているか、政府が説明責任を果たしているか、を指します。

透明性の高い国では、当局が政策の前提とする経済成長率などの指標を、政治的に独立した機関が検証する仕組みが導入されていて、たとえば、英国では会計検査院が財務省の設定する成長率を監査します。米国でも独立した機関の議会予算局がある等、いまはOECD加盟38カ国のうち31カ国で同様の仕組みが導入されているようです。

一般に透明性が低いと、杜撰で間に合わせ的なこと、政治的なご都合主義や利益誘導などがあっても、それが国民には見えにくくなります。

コロナ禍で緊急の支出が必要になったことで、国が複数年度にわたり政策対応するための基金が膨らみましたが、その透明性をいかに確保していけるでしょうか。

日本ではコロナ禍以降、経済対策のための基金の半分が期限なしでしたが、諸外国は、通常は期限を設定しています。

政府は漸く2024年度になって、国費の無駄づかいにつながるなどの批判を受け、「原則として設置から10年以内に事業を終了させる」というルールを設けるようです。

過去に目的や成果が不明確な基金もあったとすれば、費用対効果など検証する仕組みが必要ですが、今後の透明性をきちんと確保できるかどうか。

基金は経済対策などで設けられると、国会審議を経ずに所轄官庁の裁量で使われるため、執行状況が不透明になりがちです。特に、国会で十分に審議されない補正予算での新設や、運営を民間企業に委託する場合などからモラルハザードが起きないように、しっかりチェックする仕組みが必要です。

*

「賢い人は、一枚の木の葉をどこに隠す?」

「森の中に」
「では、もし森がなかったら？」
「それを隠すために森を作るだろう」
英国の作家チェスタトンのブラウン神父もの探偵小説にある一節です。

＊

国立情報学研究所の新井紀子教授は、初めて読む新聞記事なのに「前に読んだような気がする」

妙な既視感を指摘しました（『朝日新聞』２０２０年7月10日付）。

記事によく登場する気がする学校長などを調べてみようと、デジタル検索サービスで、「教育関連の記事に、同一人物が登場する回数（二年間に）を数えてみた」ところ、似た立場の教育関係者でも、かなりの重複登場回数がある人と皆無の人がいたと言います。

このような偏りはたまたま教育面で見つかりましたが、氷山の一角かもしれません。取材先と記者が固定化すれば偏りは避けられないはずで、新聞社として防止策を講じて、取材の透明性確保に注意を向けるべきでしょう。

たとえば、社内で「名前（取材先）」の登場する頻度を調べ、取材先と記者との関係性を評価して、同じ取材先を繰り返す場合は、記者にその必然性の説明を義務付けるようなルールの導入などは、有効かもしれません。

このような問題とも関連がありそうなのが、日本固有の「記者クラブ」の存在です。

記者クラブは、公的機関や業界団体などの取材を目的として大手メディアが中心となり構成されている組織です。所属する記者たちには、取材先から横並びで同じ情報が与えられますが、自社の「特ダネ」を得るために、記者たちは取材先とうまく関係を築こうとします。ここに透明性に欠ける癒着関係ができると、取材先からの「世論誘導」も起きかねません。

オープンでない閉鎖的な「記者クラブ」については、フリーの記者や外国人記者に対する差別なども指摘されており、取材効率などのメリットがあるとしても、取材の透明性を確保し向上させるためにも、今後は改革が必要でしょう。

国際ジャーナリストNGO団体の「国境なき記者団」による2023年の報道の自由度ランキングでは、日本は180カ国中68位（最下位は北朝鮮、中国がワースト2位）で、主要7カ国（G7）では最下位です（2024年には70位に）。

このランキングは、メディアの独立性や透明性などの基準をもとに、ジャーナリストや報道機関の活動の自由度を測定したものです。日本については「ジャーナリストが政府に説明責任を負わせるという役割を十分に発揮できていない」と批判し、低評価の背景として、日本政府と大企業が日常的に主要メディアの経営に圧力をかけており、その結果、デリケートなテーマについては激しい自己検閲が行われていることなどを指摘。

立命館大学の上久保誠人教授によれば、英国の公共放送BBCには気骨ある姿勢の伝統があります。

たとえば、第二次世界大戦中は反ナチズムの宣伝の役割を果たしつつ、英国や同盟国にとって不利なニュースであっても事実は事実として伝え、当時のチャーチル首相にも抵抗しながら、放送の客観性を守る姿勢を貫いたそうです。

１９８２年のフォークランド紛争では、「鉄の女」サッチャー首相にも全くひるまず、「敵・味方関係なく公平に事実を伝える」スタンスを保ち、その後も様々な問題で首相と対立を繰り返しました。さらに、米ブッシュ政権主導の「イラク戦争」を巡っては、時のブレア政権との全面衝突となり、最後は信頼を失ったブレア政権の崩壊に至ったようです。

一方、日本のメディアは、権力側に対して真正面から向き合うことができません。

内田樹・神戸女学院大学名誉教授は、「『勇気がないのだろう』と言います（『新しい戦前』）。「テレビ局は、放送法の解釈変更で政府から『停波』を威嚇されても、各社が連帯すれば、屈せず開き直れるはず」とも。

政府は、コロナ対応では十分な情報をオープンにせず、説明責任を果たす姿勢が乏しい状況が続きました。なぜそれをやるのか、あるいはしないのか、説明は全く不十分でした。その後も、決めたことが正しかったのかどうかも不透明なままです。

対応を検討する政府の専門家会議の議事録は残されず、発言者が特定されない「議事要旨」だけを公表。政府は、公文書管理のガイドラインに沿っているので議事録は残さなくても問題はない、との見解で、議事録を作成しない理由は「各専門家に自由かつ率直な議論をしてもらうため」と。

これについて、さきに発言を紹介した田中俊一・前原子力規制委員長（「一にも二にも透明性」と主張）なら、どうコメントするでしょうか。

政府の委員会、審議会、専門家会議など、国の重要な政策に関わるものについては、メンバーの氏名、所属、経歴などを選出理由とともに、国民がアクセスしやすい形で、全て公表すべきではないでしょうか。その人選の正当性、「御用学者」が入っているかどうかなども確認できるように、です。

＊

いま日本で志を持って、記事内容の透明性を保つべく頑張っているメディアの例があります。『日経クロステック』の近岡裕編集委員は、同社では、日本の製造業の発展を願い、品質問題のようなテーマを追いかけて、日本企業全体への教訓とするべく報道している、と明言。

同氏は、２０２３年10月～11月のネット記事「品質不正・リコール報道とは何か、技術系記者の存在意義」、「見えない真因はこう見抜く、性能不正やリコール取材の心構え」で、活動の基本姿勢と具体例を披露しています。

同社では、専門家の説明を理解できる素養のある記者を揃え、粘り強く慎重な取材で、取材内容について完全に理解した上で、取材や執筆にかなりの時間をかけ、「裏」を取るなど納得できるまで取材や調査を行う。その内容が取材先にとってセンシティブでクレームが出ても跳ね返せるだけの十分な根拠を得ている、とし、「クレームを恐れていては、記者は務まらない」と力強く宣言します。

もちろん、同様の姿勢で頑張る他のメディアもあるでしょうが、ともすると物足りないメディアの記事に接することも少なくありません。

日経クロステック社の活動の記事を読む限り、同社の行っていることは、メディアならば当り前ではないでしょうか。全てのメディアは接する広告主などの意向や「権力」からの圧力にも、信念や才覚、粘り強さをもって対抗してほしいものです。

ただし、一部に妙な「正義感」で暴走する記者がいるかもしれず、また偽ニュース記事の出現などにも、メディアの利用者は十分に注意すべきでしょう。

＊

SNS（ソーシャル・ネットワーキング・サービス）は、インターネット上で、誰でも簡単に発言ができる環境を提供します。たとえばX（旧ツイッター）は、匿名で気軽に発信でき、スマホでの利用にも向いているので人気ですが、不適切な発言、デマや偽ニュースを広める発信源になることもあります。

SNS上のコメントがマスメディアに取り上げられることも多いですが、特に発信者が匿名の場合に透明性や信頼性の問題が生じます。

マスメディアは、原則として、内容に責任を持てる発言者のみを取り上げるべきで、透明性に欠けて無責任かもしれない匿名のコメントは言論の自由による「意味ある情報」などとみなすべきではなく、匿名性の扱いについては厳格なルールが必要でしょう。

インターネットが普及した近年は、マスメディアもネット上で見られる意見を「ネット世論」として取り上げたりしますが、身元不明者からの「ネット世論」は、手軽に拾い上げられるとしても、世の中の意見を「白日の下にさらしたもの」と言えるかどうか。

関心を呼びやすい「ネット世論」は、あたかも世の中の多数意見を反映しているかのように扱われますが、国際大学グローバル・コミュニケーション・センターの山口真一准教授は、インターネット上の意見分布が大きく歪んでいることが、実証研究で明らかになったと言います（『朝日新聞』2023年9月14日付）。

具体的な例として、東京大学の鳥海不二夫教授の研究があります。

それによると、2020年の東京都知事選挙において、ツイッター（現X）上では、二つの集団が観察されました。

大きい集団では現職の小池百合子候補への批判意見が多く含まれ、別の集団では諸派の候補を支持する内容などが含まれていた。このようにネット上では小池候補を支持する意見があまり見られなかったにもかかわらず、選挙結果は小池候補が圧勝で、インターネット上の意見分布は大きく歪んでいたことになります。

マスメディアは、ネットから手軽にとれる情報は透明性に欠けていて質の問題があり得ることをよく認識する必要がありそうです。

すべてをオープンにするのは難しいかもしれませんが、世の中の「霧」をできるだけ晴らす方向に向かうことで、縁起直しにも近付けるのではないでしょうか。

分かること・分からないことの仕分けを——たとえば国際的な価値観の違い

日本の現実について分かっていること、とは——。

経済をＧＤＰ（国内総生産）で見れば、２０２２年までは日本は米国、中国に次ぐ「世界３位の経済大国」でしたが（いまはドイツに抜かれて４位）、１９９０年代の「バブル崩壊」以降、財政刺激策などを繰り返したものの、経済は「失われた30年」に陥りました。

ＧＤＰなどの経済指標で分かることには限界があり、「経済成長偏重を根本的に見直すべきだ」のような声がある一方で、ただ成長が止まると社会は不安定になるかもしれない、という見方もあります。

日本の現実を見ると、「失われた30年」で社会が不安定化したとは言えないでしょうが、弱い立場の

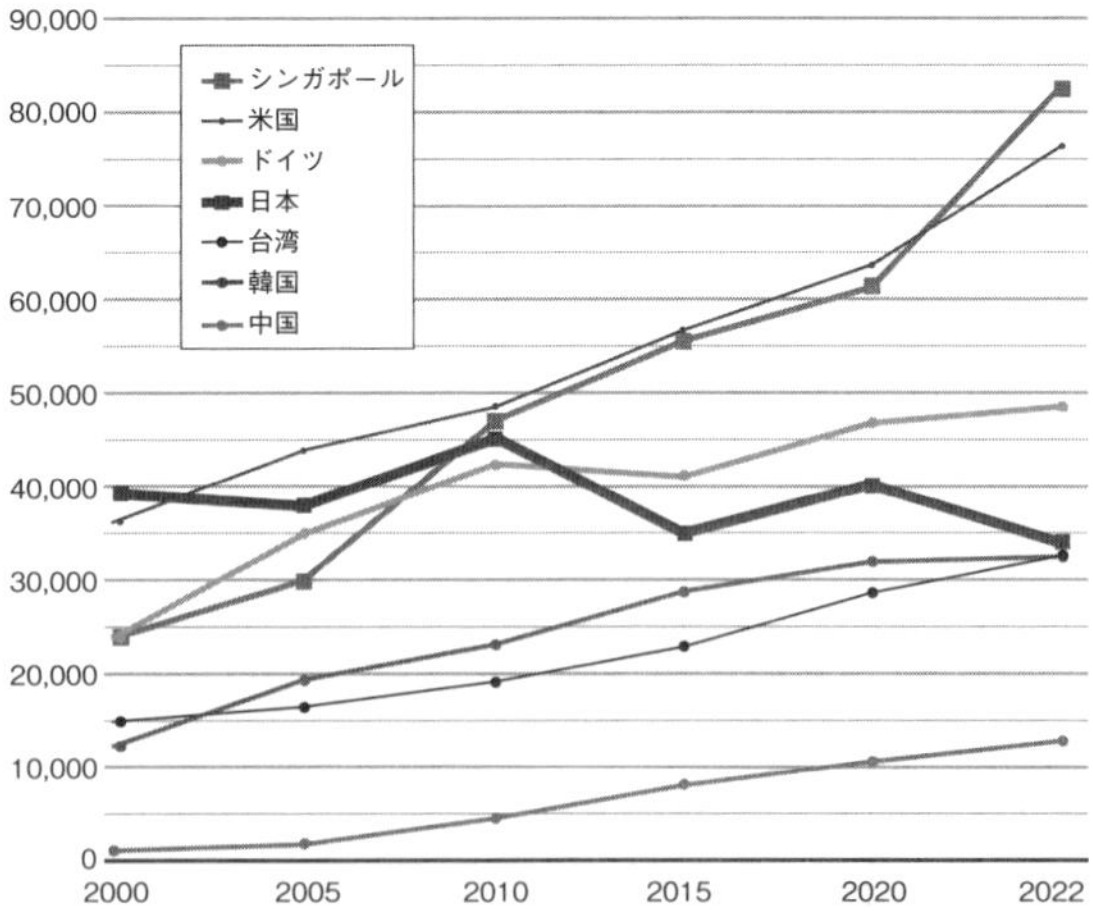

1人当たり名目GDP（IMF統計）　IMF 2023年

人々が次第に厳しい状況に追い込まれている可能性があります。

また、国の経済水準を国民1人当たりのGDP（ドルベース）で見ると、日本の低迷する姿がはっきりします。2000年以降の推移を、米国、ドイツ、シンガポール、台湾、韓国、中国の6カ国と比較したグラフは、がっかりするほど日本だけが停滞しています。シンガポールは急成長、ドイツは着実に成長、台湾と韓国は日本と並び、おそらく今は抜かれているでしょう。

ここで経済を論じる見識を筆者は持ち合わせていないので、これ以上の深掘りはしませんが、過去とは異なる視点からの対策も必要ではないでしょうか。

一旦、経済面から離れて、広く世の中全体を眺めてみます。

＊

分かっているつもりでも、実際には分かっていないことは多くあります。

かつてスティーブ・ジョブズは「人は形にして見せてもらうまで、自分は何が欲しいのか分からないものだ」と言ったそうですが、人々の考え方、感じ方自体、時代とともに変わっていくものでしょう。

最近では、コロナ禍の前後で働き方や行動様式に変化がありました。もっと遡ると、ビジネスで情報化が進みだした頃は、なじみのないものへの戸惑いもあったようです。

オフィスにコンピュータが導入され始めた頃の「対話システム」実験エピソードがあります（昭和61年『労働の科学』より）。

KDnuggets記事「Paradoxes of Data Science」2015年

職場でのシステム導入テストで、まずコンピュータ端末の使い方を画面上で説明し、「確認してください」とメッセージを表示したところ、被験者たちの行動は…。

画面をみてキーを一つずつ押す人（確認＝試し押しと解釈）、「ハイ」の答えのキーを押す人（分かった、と答えたつもり）、また電車の運転手のように画面とキーボードをそれぞれ指差して呼称確認をする者、結局「どうするの」とその確認方法を問いただす者など、様々な反応だったそうです。そこで、表示メッセージの「確認」を「よく見てください」に改めたら混乱はなくなった、と。

――「分からないこと」の一例です。

＊

専門家の陥りがちなワナについて、総合研究大学院大学の池内了教授は「タコツボにこもって自分の領域以外が見えなくなっている。専門家だから偉いと勘違いしている」などと指摘しています。

技術革新が進む中、誤解を招きやすい言葉や、なじみのない言葉などを使うときには、うまく伝わらない危険性に気付くべきです。世の中の変化もますます激しくなっていきそうで、コミュニケーションでの「分かる／分からない」への十分な配慮も求められそうです。

＊

表面的には問題点が分かっても、どう対処すべきか分かりにくい場合について、過去の学力調査（小学5年生の社会科）の例があります。（田栗、藤越、柳井、ラオ共著『やさしい統計入門』）別に難問には見えない問題の正答率が5割を切ったのはなぜか（正答は48または概算値の50）。

著者達は1万数千人の解答者から抜き出した解答結果を調べたところ、小学5年生の児童は問題文の「…をはじめ」という文章表現を理解できなかった者が非常に多かったことが判明。対策すべき問題は、計算能力や社会科での判断力ではなく、国語力にありました。

このように表面的な情報だけでは必ずしも真実は分からない、ということもあります。

＊

知らず知らずの思い込みを注意すべき場合もあります。

のぼる君たちは、わが国の自動車工業のようすやくふうを調べています。あとの問題に答えなさい。

(1)資料を見て話し合っている発言にあてはまる数字を □ の中に書きなさい。

わが国の自動車のおもな輸出《ゆしゅつ》先《さき》

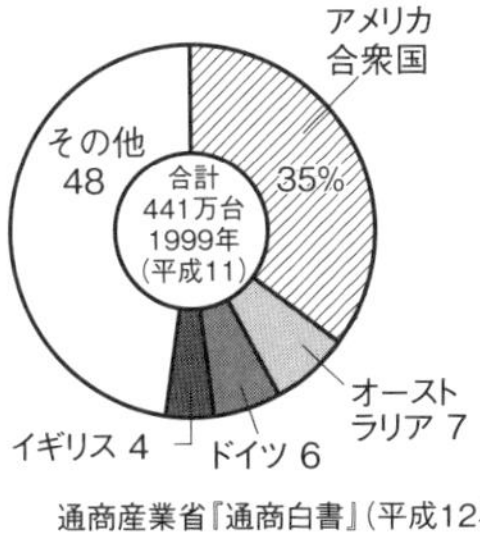

「わが国が輸出している自動車の台数は、アメリカをはじめ上位3か国で、全体のおよそ（イ）%をしめているわね。」

（イ） □

通商産業省『通商白書』(平成12年版)による

国立教育政策研究所 2002年

たとえば、同じ質問をすれば、国際比較ができて、違いが「分かる」という「思い込み」です。「とても好き／好き／どちらともいえない／嫌い／とても嫌い」のような選択肢で好みの程度を訊く質問に対しては、有力調査会社マクロミルによると、日本人は真ん中寄り、中国ではトップボックス寄り、米国では回答にメリハリをつけようとする傾向があるそうです。

また、国際的に「同じ質問」をすることが、どんな場合でも可能か、各国語に翻訳された質問文の内容が全く同じ意味に受け取られるか、についても考える必要があります。

たとえば、「宗教」という言葉は各国語に翻訳できますが、その意味するところは国によって違うはずです。キリスト教やイスラム教のような一神教を信じる国々に対して、仏教や八百万の神々を祀る日本など。

余談ですが、国が広く車社会の米国と日本では、距離の「近さ」の意味合いが違います。筆者は、かつて米国の郊外で「そこは近い場所」と聞き、「歩いて何分か」と尋ねたところ、「お前はアホか」という顔をされました。各国語でニュアンスが違う言葉の例を挙げればきりがありません。

よく「日本人の意識は他国に比べて…」のような話を聞きますが、多国間の比較をする際には大いに注意が必要で、簡単に「分かった」と速断しないことも大事です。

＊

日本人の英語力についても現実を分かっておく必要があります。

ベストセラー『ジャパン・アズ・ナンバーワン』の著者として知られるエズラ・ボーゲル米ハー

バード大名誉教授はインタビューで「日本人は誤訳が多くてね」と。「ジャパン・**アズ**・ナンバーワン」（日本の社会や組織にはいい面があると指摘しただけ）を「ジャパン・**イズ**・ナンバーワン」と誤解し、「世界一」のお墨付きをもらったと勘違いした日本人…。

コミュニケーションにはカルチャーを「分かっていること」が大事です。

シリコンバレーが話題になり始めた頃、日本の大企業の部長をベンチャー起業家に引き合わせ、ディナーをセットした現地在住の女性。当日なごやかな会食だったので、翌日再び会合をセットしようとしたら、部長氏は至極立腹の様子で、当の女性は「訳が分からない」と。想像するに、はるか年下の若造に馴れ馴れしくファーストネームで話しかけられたオジサマは「無礼なやつ」と腹を立てたのではないでしょうか。

国内のホテルのプールサイドで、くつろぐ外人男性の横の男性、ビール腹同士と見て、「ユー、バドワイザー」「ミー、キリン」と話しかけ、打ち解けあえたそうです。

また、「ギブアンドテイク」という考え方を、ちゃんと分かっていないと問題です。

かつて、銀行業界の視察団が米国の同業に訪問することが流行った時期がありました。一行は訪問先でレクチャーを受け熱心にメモを取りますが、その後は、2ウェイのコミュニケーションやディスカッションができないままセッション終了、の繰り返しでした。何回かの視察団の後、日本からの来訪はお断りとなったそうです。

先方が時間を割いて情報をギブしてくれたのに対して、日本側がほとんど何もギブできなかったら、そうなるでしょう。

近年は、シリコンバレー視察でも、似たようなことがあったとか…。

最近『山寺の和尚さん』という曲がほとんど聴かれなくなりました。以前に、外国の動物愛護団体の女性から「動物虐待」を強く非難されたためらしいですが、私見では、歌を説明した人物の英語がまずかったのではないか、と。

説明者は「猫を袋に入れて蹴る」という歌詞をコミカルあるいはユーモラスと表現したのではないか。それをナンセンスな歌と紹介していたら、相手の女性もカンカンに怒ったりしなかったのでは。拙い英語表現が一つの佳曲を半殺しにしたように想像します。

英語の世界が日本語の感覚とは違う場合を分かっておくことも大事です。

たとえば、特許出願の際に、請求項で「穴」という表現は日本では認められますが、米国では物理的に存在しない「穴」は認められない等々。

日常会話とは異なる英語の世界があることも、きちんと分かっておくべきです。

かつて、訪米した日本の政治家が軽口のつもりで「自分の人相が悪いのは母親のせい」などと言ったのには驚きました。「四十歳を過ぎた男は、自分の顔に責任を持たなければならない」という米国リンカーン大統領の有名な言葉を知らなかったのか——。

ＡＩの翻訳機能が進化している現在、語学教育では何が大事で、何を分かっておくべきかを再考すべきかもしれません。

＊

「政治家は明日何が起こるかを予見する才能がなければならない。そしてそれがなぜ起きなかったのか、うまく説明する才能がなければならない」とは英国首相だったチャーチルの言です。

世の中は絶えず変化しています。前に「分かっていた」ことでも、今は「分かっていない」かもしれません。逆もあり得ます。

人間のものの考え方や感覚も時代とともに変わっていくもの。変化することだけは変わりません。

20世紀初めのフランスの政治家クレマンソーは、最悪の政治家について意見を訊かれ、「それを決めるのは実にむずかしい。これこそ最悪のやつと思ったら、もっと悪いやつが必ず出てくる」と。

日本の政治家については、果たしてどうでしょうか。

＊

哲学者ソクラテスが言ったように、「自分がいかに分かっていないか」を自覚することが大事です。裏返せば「『知らない』ことを知らない」のは大変危ないことかもしれません。

分かっているつもりのことが実は真実ではなく、偽の情報かもしれないと心配しなければならない現実もあります。

誰もがネットで情報を発信、拡散できる時代になり、いまは世の中で接する情報の真偽が分かりにくくなっています。

対策としては、情報を直ちに鵜呑みにはせず、「分かっているつもり」で自信過剰にならずに、疑いの目を持つことが大事なようです。

総務省「ICT基盤の高度化とデジタルデータ及び情報の流通に関する調査研究」（2023年）によれば、ネット上の検索結果やSNS等で表示される情報が個人に合わせてパーソナライズされていることを知っている人は半数に満たず、SNS等で自分の考え方に近い意見や情報が表示されやすいことを知っている人も同様に半数未満です。

調査では「よく知っている」と答えた人が1割程度で、まさに「分かっていない」ことを「分かっていない」状況と言えそうです。

いまは、関心がないような情報に触れる機会が少なくなる傾向が見られ、偏った意見や考え方の集団が増える可能性は高まっているようです。コロナ禍の時に「ワクチンは危険」「ワクチンは陰謀」などのうわさを信じる人たちもいました。

ネット上では、「報道されない舞台裏」などとして、真偽の怪しい情報が拡散されたりもします。世の中が偽情報に振り回されないためには、接した情報を鵜呑みにせず、慎重な判断ができるようなメディアリテラシーを育む必要があります。

同時に、マスメディアも情報の扱いにはより慎重になるべきであり、国の法制度の整備なども早急に求められます。

何が「分からないこと」なのか「分かっていること」なのか、きちんと仕分けできれば、縁起直しのツボも見分けられるのではないでしょうか。

＊

こんな小咄があります。

ある弁護士が同業者を激賞するのを聞いていた男は、

「でも、先方はあなたのひどい悪口を言ってますよ」

「いや、我々はお互いに決して本当のことを言わないのでね」と弁護士。

疑う自由を忘れずに——現実をしっかり見定める

ユダヤ・ジョークを一つ…

腕と足に怪我をした二人の男が病院の相部屋に。医者が来て、それぞれに処置をし、一人は大声でうめき、もう一人は静かだった。

うめいた男が横の男に「どうしてお前は耐えられたんだ？」

訊かれた男は「あんなヤブ医者に折れた方の足を差し出したとでも？」

＊

米国の著名なデータサイエンティストのキャシー・オニールは「現行制度の仕組みを正当化するためにデータが使われることがあっても、制度を疑い、改善を図るためにデータが使われることはほとんどない」と言います。

人間は間違いを犯しやすく、その人間が人為的に作ったものに欠陥が全くないと考えるのは危ういことです。

反対意見などに耳を傾けて、自分の意見にも適度な疑いの目を向けることは大事です。

疑う自由のなかった国の運命を示す例があります。

反体制派作家ソルジェニーツィンが「嘘は全てをつなぎ合わせる要として国の体制に組み込まれてきた」と指摘したように、ソ連の体制崩壊は、スターリンが重用したルイセンコのインチキ学説に基づく農業政策の大失敗など、現実に向き合わない体質がもたらした結果でした。

うそ偽りの話と国民の実体験が乖離し、独裁者の判断ミスなどを疑う自由がなかったことが体制破綻につながりました。

疑う自由があるはずの現代日本はどうでしょうか——。

＊

疑うことが大事な科学には批判精神が伴います。

ノーベル賞を受賞した京都大学の本庶佑名誉教授は、科学を志す人に大切にしてほしいこととして、「教科書に書いてあることを信じない。常に疑うこと。本当はどうなっているんだと考え、自分の目でものを見て納得するまであきらめない」、「教科書に載っているのは『今の時点で』みんながある程度、合意している事実。でも『絶対真理』ではない。状況によって変わっていくものです。

教科書が全部正しかったら学問はいらない。」と。

「言論統制が強化されている中国の人々の間では、『自分のことは自ら守らなければならない』というメンタリティーが浸透しており、法律や規制の隙間を縫うようにして、活動の自由を確保しようとする人も少なくない」と言う東京大学の阿古智子教授（『現代ビジネス』2019年8月20日付）。

「長年中国を見ていると、権力のあり方を疑うことも、権力に抗おうともしない日本人は、あまりにも従順すぎるように見えてくる」とも。

さらに、これでは「貿易、情報、軍事などの分野で日々厳しい闘いが繰り広げられている国際舞台において、日本は自らの存在を示すことなどできないのではないか」と懸念を示します。

そういえば、国際会議での困難なことについてのジョークがありました。

「まず、インド人を黙らせること、次に、日本人に喋らせること」。

2018年に、自動で書類に押印するロボットが開発され、ニュースになりました。オフィス業務の生産性向上が狙いでしたが、既存業務のあり方には疑問を持たなかったようです。

今は抜本的に、国が押印手続きを見直し、企業でも押印廃止が進む流れは周知の通りです。

大きなフレームで考えず、現状そのままを疑わずに与件として、技術的な面ばかり追いかけるのは、日本でありがちなことではないでしょうか。

＊

「おむつとビール」の話を聞いたことがあるでしょうか。

「店でおむつとビールを同時に買う顧客が少なからずいる」という意外な組み合わせの購買パターンを発見、との報告がされ、データ分析の価値を示した「事例」です。

もっともらしく「子育て中の女性が週末に夫とともに車で買いに来て、まとめ買いしている」などの解釈もされ、データ分析に多少でも関わっていれば、一度は聞いたはずの話です。

しかし、この「事例」は全くの**でっち上げ**だと、2000年に米国HP社のトム・フォーセット研究員が内幕を紹介――。

これは実は、米国NCRの小売コンサルティング・グループのB氏による創作でした。

実際に、B氏らは1992年頃にシカゴのドラッグストアでデータを分析して、「化粧品とグリーティングカード」のような組み合わせの購買パターンを見つけたが、これではインパクトに欠けるとして、データの裏付けがない「おむつとビール」のストーリーを思い付いたようです。

このようによくできた話は、すぐに鵜呑みにせず、きちんと裏をとるようにすべきで、やはり疑う自由を忘れずに、現実はしっかり見定める必要がありそうです。

＊

教育が社会の問題を解決する万能薬のように見られていることにも疑問を持つべきではないでしょうか。

テレビ番組「ハーバード白熱教室」でも人気を呼んだハーバード大学のマイケル・サンデル教授は、その著書『実力も運のうち』で、努力して名門大学に学び、高い能力を身につけた者が社会的成功を収めて自信過剰になるような現実に疑問を呈しています。

「教育の機会均等」が実現できれば、不平等がなくなり、人びとが公平に扱われると言えるのでしょうか。そもそも、真の意味で「教育の機会均等」が実現可能かどうか――。裕福な家庭の子供は、名門大学に入学するのに有利なのではないか等々。

高い学歴のエリート層は、どれほど能力が高いと言えるのでしょうか。サンデル教授は、名門大学出身者を集めたチームが犯した政治的判断ミスの例として、ケネディ政権のベトナム戦争、オバマ政権の金融危機の際の甘い対処などを挙げています。

同書では触れていませんが、傲慢なエリート層が往々にして見られる金融業界でも、かつての米ヘッジファンドＬＴＣＭの大失敗があります。ノーベル賞受賞者等ドリームチームの自信過剰の「思い違い」、然るべきデータ分析さえすれば良いモデルができるという「思い込み」、さらに流動性リスクの「見落とし」など、人は間違えるものということを全く忘れていたかのようでした。

サンデル教授は、「政治的判断能力は名門大学に合格する能力とはほとんど関係なく」、テクノクラート的エリートには、おごりや視野の狭さがあるとして、いまの「名門大学は市民教育の任務を十分に果たしていない」と。

同書での具体的な議論や提言については省略しますが、サンデル教授は「高等教育の役割を再考する意義は大きい」と指摘しています。

日本にも通じる点があるのではないでしょうか。

いまはネット上に世界各国の有力大学の大規模公開オンライン講座などもあります。また、ＡＩの活用次第で、生徒ごとに適切な学び方を可能にできて、主体的に学ぶこともできるはずです。必ずしも有名校やカリスマ教師を求める必要もないでしょう。

サンデル教授は、学歴偏重を社会的に容認されている最後の偏見と言いますが、「学歴偏重」を少しでも是正できれば、入試のための過度の勉強を減らせて、家計の教育コスト節減にもつながり、ひいては経済面から少子化対策にも貢献できるのではないでしょうか。

＊

２０２２年に発表された対話型ＡＩ（人工知能）、チャットＧＰＴは、人間が普段話すような言葉でコミュニケーションができて、一気に話題をさらいました。これまでのＡＩとは一線を画し、応用範囲が広く、社会的なインパクトは携帯電話やインターネットと同じくらい革命的という声もあります。

しかし、このようなＡＩが、もっともらしい文章を提示してくれても、その内容を疑う必要があります。ＡＩは意味を理解せず、もっともらしく見せかけているに過ぎません。すぐに東京大学は、チャットＧＰＴを「非常に話し上手な『知ったかぶりの人物』」に例えて、学生に注意喚起をしたそうです。

自信ありげな態度に騙されるかもしれませんが、それでいて間違えたりするＡＩからは、疑うことの重要性を改めて気付かされます。

すでに世界保健機関（ＷＨＯ）や米国医師会（ＡＭＡ）などは、ＡＩが生成し、拡散しかねない誤情報や偽情報について警告する声明を発表しています。

一般的なネット情報の信頼性に関して、ユネスコは、疑わしい情報を、①「誤情報」（誤った内容を真実と信じて発信）、②「偽情報」（誤った内容を意図的に発信）、③「悪意ある情報」（虚偽とは限らず、ダメージを与える意図で発信）に分類しています。

これらを見極める必要があるとしても、何が正しくて、何が間違っているのか、の判断は難しく、だまされるかもしれないと疑って情報に接することが大事でしょう。

現在では、誰でも簡単に画像の生成や改ざんができて、それが本物かどうか非常に分かりにくく、映像でも、人の顔だけを別人にすり替えたり、表情も別人に合わせて偽装したりすることができます。

人の声も同様に生成して悪用できるので、企業のトップになりすまし、「偽の社員」も同席のビデオ通話で詐欺を働いた事件があったりしました。

その対策はむずかしく、真偽を見分けるための技術には、あまり大きな期待はできないかもしれません。

やはり、疑いの目を持つことが一番のようです。

＊

何でもカネに換算するような風潮やカネにこだわり過ぎるような価値観に対しても疑問を持つべ

きではないでしょうか。

何か出来事があると、「経済効果」や「経済損失」の金額が報道され、その数字が独り歩きしたりします。

それを「お遊び」と割り切るならかまいませんが、大真面目に扱われて、それを鵜のみにする人がいたりすると問題です。その「金額」をはじき出すためには、いくつかの前提条件があったはずですが、それらには触れないのが通例で、数字が客観的で信頼できる「真実」のように見えたとしても、算定根拠が不明確や不透明ならば疑うべきでしょう。

＊

日本の未来に何も疑いを持たなくても大丈夫でしょうか——。

もしニッポンに活力がみなぎっていて、誰もが明日は必ず今日よりも良くなると信じられれば、疑いを持たなくてもかまわないでしょう。

多くの人々は、明日も何とかなるだろう、のように思っているのかもしれません。

しかし、次の日も、さらにその次の日も何とかなるだろう、などと思っていていいものでしょうか。

口を開けば、「政策」にカネを使うことばかりの政治家、自分たちは政府・与党を批判するのが仕事と思っているような「専業」野党、お上頼みで親方日の丸に頼ろうとする企業群、何か不都合を感じると政府・日銀などを当てにする市場関係者、意見を訊かれても「国が…」ばかり言うような有識者なども目立つ、いまのニッポン。

いま、日本の未来に漠然と疑問や不安を感じる人びとは少なくないと思いますが、なかなか自分事としてとらえきれず、有効な取り組み方も見いだせないままではないかとも思われます。「ぬるま湯」にひたっている世の中を動かし、日本を覆う手強く曖昧な「空気」に対抗するために、方便であったとしても「縁起直し」のような試みを模索してもいいのではないでしょうか。

「縁起直し」の対象は世の中全体を覆う「空気」として、それを動かすための「風」を何とか吹かせることができれば、と思います。

そして、「縁起直し」に向けては、マスメディアの果たせる役割が大きいのではないでしょうか。

＊

大変な影響力を持つマスメディアは、自由闊達、はつらつとした世の中に向けての紙面づくりや番組制作に知恵を絞り出せないものでしょうか――。

マスメディアの力で世の中の空気を少しずつでも動かし、さまざまな面で世の中の変化を人びとが感じていけば、大きな流れにつながる可能性があります。

逆に、日本のマスメディアがクリエイティブな取り組みでパワーアップできれば、それこそがニッポンの「縁起直し」にもつながるのではないでしょうか。

米国ジャーナリズムでは主張すべきは主張しながら、有力紙ニューヨーク・タイムズなどはデジタル対応も巧みで、売上高、購読者数ともに順調に増加させています。

もし経営層がビジネス面などを気にしてチャレンジに懐疑的になるとしても、次のフランスの思想家の言葉を噛みしめるように期待したいところです。

「懐疑論について疑いながら話す人は少ない」パスカル。


そして、世界のバイタリティーあふれる人びとの名言を。


「ビジネスにとって致命的なのは、現状に満足すること」投資の神様ウォーレン・バフェット。

「変化は恐れずに受け入れなければならない」起業家イーロン・マスク。

「最大のリスクは、リスクを取らないこと」フェイスブックを立ち上げたマーク・ザッカーバーグ。

「われわれが商売をするのは、何のためにやるのか。会社がもうけるためにやるのか。そうやない。やはり社会を豊かにする一翼を担っているのや。それに反することは許されんのや」経営の神様・松下幸之助。

「私の最大の光栄は、一度も失敗しないことではなく、倒れるごとに起きるところにある」ホンダ創業者・本田宗一郎。

第二章

知恵を絞り出そう

日本の首相・政府・政治家が知恵を絞らなくなったのは、いつ頃からでしょうか。

最近の福島原発の処理水排出の件は、知恵の欠如を示す典型的な例です。

国際原子力機関（ＩＡＥＡ）の科学的なお墨付きを得る以前から、その対処に日本の政治が少しでも知恵を絞ろうとしたのか。漁業関係者等の強い反発は、理屈を並べる説得だけでは収まるはずもなく、反対者の腹に落ちるように政治家の知恵の発揮が必要でした。

たとえば「処理水」を実質的に自分たちの口に入れるような政治パフォーマンスが何故できなかったのか。知恵を絞れば、生の処理水をそのまま飲まずとも、それに近いパフォーマンスができたはず。首相以下、東京電力のトップ等もテレビカメラを前に勢揃いして笑顔でアピールすれば良かった。それで内外の人々のハートに強く訴えられたはずです。それをせずに、カネで懐柔しようとしたり、科学的に必要か疑問のある大げさな排水設備を作ったりで、知恵のなさは恥ずかしい限りです（排出の少し前には、自民党の麻生副総裁や中国の王毅外相もパフォーマンスのヒントを口にしましたが、それさえ誰も聞く耳を持たなかったようです）。

また、国政においては「知恵」を出す以前の問題もありそうです。

一つの例として、自衛隊員の処遇が気になります。

高度の装備機器を大枚はたいて購入することには深入りしませんが、それを扱う隊員たちは見合うだけの扱いを受けているのか。職責に見合う収入を得て、それなりの施設、宿舎や食事環境で過ごしているのか。

自衛隊員の募集、採用に苦戦中とも聞きますが、現場の実態から対応策を考えるべく、大臣等はお膳立て視察ではなく抜き打ち訪問で、隊員たちと一緒にメシを食べ、生の意見を聞き取っているでしょうか。

＊

知恵の絞り出し方はさまざまです。

月並みでないアイデアを出せれば、インパクトがあります。

たとえば、平安時代の歌人、在原業平は桜を愛でるのに、ひねりを効かせました。

「世の中に　たえて桜のなかりせば　春の心は　のどけからまし」

（この世の中に、もしも全く桜というものがなかったら、春は心のどかに過ごせるものを）

かつて『ガルガンチュワ物語』などを著した作家ラブレーの機転の利かせ方は――。

田舎を旅行中に金を使い果たしたラブレーは、パリに戻るために一計を案じ、宿の部屋に「国王用、女王用の毒薬」と貼り紙をしたビンを置き、使用人に見つけさせた。彼は即逮捕されパリに護送されたが、パリ警察は事情を聞き入れ釈放してくれたそうです。

知恵を働かせたアイデアが経済効果につながった例もあります。

20年ほど前に韓国政府は、家電などの需要を生み出すのに、創造性を活かしたアート、デザイン、エンターテイメント面などが重要と判断し、音楽や映画などに力を注ぎ、今やKポップなど新たな産業も消費をけん引、韓国のクリエイティブ経済は世界的に存在感を示しています。

＊

ここで、二人が会話するユダヤの小話を。

「知恵と金では、どちらが大切だろう」

「もちろん、知恵に決まっているさ」

「それなら、どうして賢人が金持ちに仕え、金持ちは賢人に仕えないのだろうか？」

「簡単さ。賢人は金の有り難みが分かるが、金持ちは知恵の大切さが分からないからだよ」

しかし、知恵の大切さを理解しないのは、金持ちに限りません。

また、知恵を絞って財産を築いた金持ちも大勢います。

本間宗久は江戸時代の庄内藩（現在の山形県酒田市）の米商人で、「本間さまには及びもないが、せめてなりたや殿様に」と唄われたほどの大富豪でした。

その知恵を示す言葉が、需要と供給の動きについての「足らぬものは余る、余るものは足らぬ」（足りないと思っていると、いつの間にか余ってくる。余っているはずが知らぬ間に足りなくなる）など、語録として残されています。

いまの日本の課題を突き詰めていくと、経済の問題、少子高齢化、環境問題など、難問ばかりで、粘り強く衆知を集め、各方面で知恵を絞りだすことが求められます。

しかし、衆知を集めて知恵を絞りだすべき政治家は、与野党を問わず「バラマキ政策」しか思いつかないように見えるのはどうしたことでしょうか。政治家は打ち出の小槌を使えるとでも勘違いしているのではないか。各方面からのバラマキを批判する大合唱が、耳を澄ませなくても聞こえるはずなのに――。

いま本間宗久がいれば、まだ国はバラマキ財源を用意できる、という見方には、「まだはもうなり」と断言するでしょう。

とにかく銭勘定は後にして、問題の対処には、最初に脳味噌をフルに使うべきです。知恵を絞りだしてこそ、縁起直しができるはずです。

人工知能（ＡＩ）の活用を――ＡＩの可能性に期待

「ぼくの犬は人間と同じくらい頭がいいんだ」

「へえ、それが頭のいい証拠になるのかい？」

＊

２０２２年11月に米オープンＡＩが公開した人工知能（ＡＩ）のチャットＧＰＴは日常の言葉で体験できることで、個人や企業での利用が進み、大変なブームを引き起こしました。

最新のＡＩはネット上に存在する雑多で膨大な文書データを読み込んで自ら学習していますが、学習データに含まれる内容によっては、ＡＩの出す結果が、性差別や人種差別になったり、著作権上の問題などを引き起こしたりするかもしれず、その利用に当たっては十分な注意が必要です。

このようなＡＩの潜在的なリスクに対処するべく、世界各国で法的な規制が検討されています。その動きからは目を離せませんが、ＡＩは予測できないほど急速に進化していて、規制当局はその進化に追いつけるかどうか。

いまのＡＩは人間と言葉のやり取りができているように見えますが、実際には会話の意味を理解はしていません。それでも、なぜこれほどうまくやり取りできるのか、根本的な原理は、未だよく分かっていません。

しかし、そもそもヒトの知能の仕組みも根本的に明らかにはなっていません。

いままで、鳥とは違う形で飛ぶ飛行機、魚とは違う形で海を進む潜水艦が造られたように、いまＡＩは人間の知能と同じではない「知能」を実現したのかもしれません。

進化したＡＩは、言葉だけでなく、音声、画像、映像、コンピューター・プログラムなどを扱えて、いわばヒトの「目」「耳」「口」も備えているので、うまく利用することで人間の創意工夫や発想する力をふくらませることもできそうです。

ＡＩに人間を支援させる場面は色々考えられますが、手っ取り早くは、仕事の一部を肩代わりさせて、人の作業負荷の削減や、作業時間の短縮などに貢献できそうです。さらに、人が取り組む高度な仕事の前さばきなどにも活用できそうですが、今のところＡＩの役割は、人間を支援することに限定すべきでしょう。

＊

以下は、筆者がチャットGPTに、いまの日本を縁起良くするアイデアを訊いたときの回答の一部です。

チャットGPTいわく「縁起を良くするためには、伝統的な信仰や風水に基づくアプローチだけでなく、現代的で実践的な方法も考えることが重要です。たとえば――。

・**『良縁コミュニティ』の構築**…地域社会やオンラインで、共通の興味や価値観を持つ人々を集める『良縁コミュニティ』を作成します。交流や協力の場として、異なる分野の人々がつながり、良い縁が生まれやすくなります。

・**『幸福な瞬間の記録』**…日々の幸福な瞬間や良い出来事を記録し、それを共有する取り組みを始めます。周囲の人々とポジティブなエネルギーを共有することで、良い縁を引き寄せるきっかけとなります。

・**『良縁メンターシップ』プログラム**…経験豊富な人たちと若手や新参者を結びつける『良縁メンターシップ』プログラムを開始します。交流や知識の共有が良い縁をもたらし、新たな可能性を開くことが期待されます。

・**『幸福国指数』の導入**…GDP（国内総生産）だけでなく、国の幸福度を測る『幸福国指数』を導入します。この指数は、福祉、健康、教育、環境など様々な要素を考慮して、国の総合的な幸福度を示します。政策の方針や予算の決定において、単なる経済指標だけでなく、国民の幸福に焦点を当てることができます。

・**『未来を担う若者のサポートプログラム』**…若者に対するサポートプログラムを強化します。教育の充実や雇用の機会提供、起業支援などを通じて、若者が将来にわたって豊かで意義ある生活を築くための基盤を整えます。これは将来の国の繁栄につながる可能性があります。

・**『国民対話の促進』**…国内の様々な層や意見を持つ人々との対話を促進します。国民の声を政策形成に反映させ、公平で包括的な政策を実現することで、国全体の調和と安定を促進します。

・**『国際協力の強化』**…国際的な連携を強化し、他国との協力を通じて共通の問題に対処します。国際社会との連携により、平和と安定の促進に寄与し、国際的な信頼を築くことができます。

等で、これらのアイデアは、国の繁栄や社会的な幸福を向上させ、持続可能な未来を築くためのアプローチです。縁起を良くするためには、国の全体的な調和と発展が不可欠であり、これらの政策がその実現に寄与する可能性があります」と。

これなら、ＡＩとやり取りをしていけば、人間の知恵を絞り出す手助けもしてくれそうに思われます。

もっと問いかけを工夫していけば、さらに興味深いアイデアを出してくれるかもしれません。

ただしチャットＧＰＴのようなＡＩは、自信たっぷりに間違えることがあり、注意が必要です。たとえば、「足しても掛けても10になる二つの数は?」と問いかけると、「3と7です」と返してきました。間違いを指摘すると、今度は「2と5です」と。

そこで、式を立てるよう指示すると、正しい式を立てたものの、自信なさげに間違った答えを返してきます。改めて考え直すよう指示して、やっと正しい答えが返ってきました（２０２４年２月に無料版を試した結果）。

このやり取りからは、ＡＩが足し算、掛け算、基本的な代数のルール、方程式の解の公式などを知識として知っているらしいことが分かります。

しかし、このように平然と間違えるのは、このＡＩが論理的に推論する能力を持たず、学習した内容に基づき、統計的に確からしいと判断した言葉を表示するだけだからです（それでも、問いかけ方、指示の与え方によっては、回答が改善される可能性はあります）。

「チャットＧＰＴが言語について学習するとき、学んでいるのは言葉をどのように組み合わせるかであって、それが事実かファンタジーかは関係ない」と、著名なコンピュータ科学者スティーブン・ウルフラムは指摘します（『東洋経済オンライン』２０２３年9月7日付）。

そして彼は、「鳥が月に向かって飛んだ」という文章を例に取り上げ、「鳥が飛ぶこと、月が空にあることはそれぞれ理にかなっているが、鳥が月に向かって飛ぶことは実際には起こり得ない。実際に何が起こるかを知るためには、今のチャットＧＰＴが持っている言語の統計に関する情報だけでは不十分だ」と言いますが、その例文は一種の文学的表現とみなすこともできるので、難しいところです。

とにかくＡＩの世界は日進月歩なので、近い将来に現状を打開して飛躍的に進化する可能性は大いにあります。

また、ＡＩと言っても様々なタイプのものがあり、チャットＧＰＴが現れる前からのＡＩも着実に進歩しています。

たとえば、非常に進歩した例として自動翻訳サービスがあります。英語から日本語へ、日本語から中国語など、数十か国語に対応し、その翻訳精度は高く評価されています。

旅先での看板、レストランのメニューなど、スマートフォンのカメラで写した文字をその場で翻訳できたりもします。

日本の英語教育においても、このような時代の流れに取り残されないよう、十分にテクノロジーの活用の仕方を考えるべきでしょう。

＊

いま、ＡＩをクリエイティブに使いこなす一握りの人たちは、巨万の富を得ているかもしれませんが、一方で、ＡＩに仕事を奪われ、所得が減ったり、失業者が増えたりするのでは、という懸念も言われます。

ある未来シナリオでは、時々刻々の情報を得てＡＩが経済記事を書くと、別のＡＩがそのような記事を分析し自動金融取引システムの入力データにする。ＡＩが文章を書き、ＡＩが文章を読み、ＡＩが取引を進める。このとき「危険なのは、機械の頭が良くなっていくことではなく、人間の頭が悪くなっていくこと」かもしれません（『コンピュータワールド』２０１９年8月24日付）。

仕事（ジョブ）がさまざまな職務（タスク）から成るとして、さしあたりＡＩが自動化するのは個別のタスクであってジョブではなく、いまのところは、労働へのＡＩの影響をそれほど心配しなくてもよいのではないでしょうか。もっとも、いずれはセーフティーネットが必要になるかもしれません。

ＡＩをうまく活用するには、何ができて、何ができないのか、をきちんと把握する必要があります。特に、見たり接したりした表面的な部分だけでは、肝心のところが分からないこともあるので注意すべきです。

人間がＡＩに頼り過ぎないことも大事でしょう。人間は感覚を持ち、経験の蓄積があり、直観力を持つ。これが人間ならではの能力を生み出します。たとえば、ＡＩが音楽を楽譜で知ることはできるはずですが、音楽を味わえるとは言えないでしょう。

戦時中に米国のスイングジャズの名曲『インザムード』の楽譜を日本で入手した人が、「これがどうしてジャズなのか」と首をひねったそうです。次頁の図のような楽譜には確かに音の並びが示されていても、そこからスイング感は読み取れません。

似たようなことは、美空ひばりの歌う曲の楽譜でも言えます。譜面を見ただけでは、あの歌声の味わいは分かりません。

数年前にＮＨＫテレビで、ＡＩ技術を活用して再現した美空ひばりの声による新曲が披露されました。声の再現には、ＡＩ技術だけでなく、舞台裏でヤマハの熟練エンジニアが大変な苦労をしたそうです。番組で放映したところ、視聴者からは、称賛の声が上がった一方で、厳しい評価もあったとか。

ＡＩの活用においても、やはり人間の十分な関わりが必須です。音楽の例を続ければ、故シュバイツァー博士の晩年に録音されたバッハのコラール『おお人よ、汝の大いなる罪に泣け』は、自在に微妙にテンポを動かす素晴らしい演奏でした。これも、ＡＩには真似のできないもので、楽譜を解釈してオルガンに響かせるヒトならではのものです。

だれもが美空ひばりのように歌えて、シュバイツァー博士のように演奏できるわけではありませんが、人にはそれぞれ持ち味があります。人それぞれが能力を活かしつつ、知恵を絞ってＡＩを活用することで、うまく縁起直しに向かえるのではないでしょうか。

価値観の多様化を――たとえば「少子化」を考える

山積する問題を個別には取り上げませんが、価値観にも関わり、知恵を絞るべき重要なテーマとして「少子化」問題を掘りさげてみます。

「少子高齢化」は、このまま社会保障制度を維持できるか、ということにも関わる重大な問題です。

『インザムード』の冒頭部

高齢化については、世代間の不公平感にもつながる社会保障制度の在り方の議論もありますが、ここでは「少子化」に的を絞ります。

近年の日本では、結婚や出産を先延ばしにする人も増えていて少子化が進んでいます。背景となる要因は複数あって絡み合っているでしょうが、これには価値観の変化も影響しているようで、単純に経済的な理由だけで「結婚できない、子供を産めない」ということでもなさそうです。

まずは実態を確かめる必要があります。

日本では人口が減っていて、子供を産む世代の女性も減り、晩婚化も進行。出生率は長期的に下がっていて、生まれる子供の人数が減っています。

一方で、保育園が周辺住民の反対で新設できないような状況もあり、乳幼児虐待のような悲しいニュースも目にします。単純にカネをつぎ込むだけでは解決しない問題です。

多くの若者は安定した収入での暮らしを求め、女性の社会進出も進んでいます。

一般的に、結婚や出産が、自由な生活を求める気持ちなどとの兼ね合いで考えられているようにも見えます。

日本の伝統的な家族観は、若い世代では明らかに変化しています。まわりから結婚を勧められても、子どもを生むよう勧められても、一種のハラスメントと受け止められるかもしれません。

かつてフランスでは「偉大なフランス文化」を後世に受け継がせるためにも、少子化対策が必要、とされたようですが、いまの日本では、そこまで大上段に構えられるか疑問です。文化は伝統的なものでも、移り変わっていくものです。

余談になりますが、数十年以上前のエピソードがあります。

大勢の素人モデルが着てみせる趣向の「ゆかた」ファッション・ショウがデパートで開催されました。かつては、素足に下駄のくつろいだ姿で着られる浴衣でしたが、女性はサンダル履きの姿です。主催者によれば、リハーサルで下駄をはかせたら危なくて、階段の昇り降りなど大変。それでも、ショウのパフォーマンスは颯爽としていて、古いイメージの楚々とした浴衣の風情は一変していました。

もう一つ、ふだん接する活字フォントの話を。

いま明朝体のフォントを見るのは、たいてい新聞や雑誌など旧来の紙メディアでしょう。いまどきの名刺も明朝体ではなくゴシック体などではないでしょうか。ネット上のウェブサイトも、新聞社でさえゴシック系のフォントで、若い世代が明朝体のフォントを見ると古くさいと感じそうです。明朝体の硬い文章などは、一種の違和感があって受け入れにくいようなことがあるかもしれません。

悪魔は細部に宿ると言います。

目に見えるところ、見えないところで、いつしか文化は変わっていくのでしょう。

改めて、いままでの政府の少子化に対する施策に向き合うと、どうもピントが合っておらず、違う方向にズームインしているようにも感じます。

認識がずれているのは、政府だけでもないかもしれません。

帝国データバンクによれば、2023年に倒産・休廃業した結婚相談所の数は過去最高でした。そもそも結婚相談所はよほど多くの会員を獲得して維持できない限り、稼ぎ続けるのは難しいが、日本では婚姻数が減っています（同様の狙いで近年目立つマッチングアプリ（スマートフォンから登録して簡単に異性と出会える）市場も、やはり成熟状態のようです）。

それでも結婚相談所の数が今も増え続けているらしいのは、ビジネスの参入障壁が極めて低いとしても、何か勘違いもあるのではないでしょうか。

少子化の問題は、結婚しようとも思わない未婚の若者への対応、結婚したくても踏み切れない若者への支援、結婚した夫婦が子どもを持つのに二の足を踏むことへの対応、子育ての支援、のように分かれますが、やはり実態を知ることが大事です。

最初に、未婚者についての実態を確かめます。

2023年11月のアンケート調査（NTTドコモ会員対象）によれば、「結婚願望があるとはいえない」未婚者が62％で、その理由では、20代「結婚生活に自信がない」、30代「お金と時間を自由に使いたい」、40代以降は「必要性を感じない」が目立ちます。

また、2021年の結婚と出産に関する調査（出生動向基本調査・人口問題研究所）によると、「一生結婚するつもりはない」未婚者は増加して、男性17％、女性15％です。

「独身生活の利点」は「行動や生き方が自由」が最多で、男性71％、女性79％です。

一方、結婚意思のある未婚者が独身でいる理由は、結婚する積極的な動機がないこと、25歳以上では適当な相手がいないことが大きいようです。

そして、結婚意思のある18～34歳の未婚者の平均希望子ども数は低下傾向が続き2人を下回り、「子どもはいらない」と考える未婚者も増加して1割を超えています。

ＳＭＢＣコンシューマーファイナンス株式会社が毎年実施している「20代の金銭感覚についての意識調査」では、「結婚しようと思える世帯年収額」を訊いています。２０２４年の調査によれば、下の図のように、20代の半数以上が結婚をイメージできるのは、年収６００万円で、「年収がどんなに多くても、したいと思えない」は22％です。


この調査に基づいた分析記事があります（『東洋経済オンライン』「日本の若者が結婚しなくなった『本当の理由』」２０２４年3月9日付）。

10年前と比較した興味深い内容ですが、参照されている元データの確認ができないので、記事の「結婚に最低限必要な年収」に関する記述をそのまま引用します。

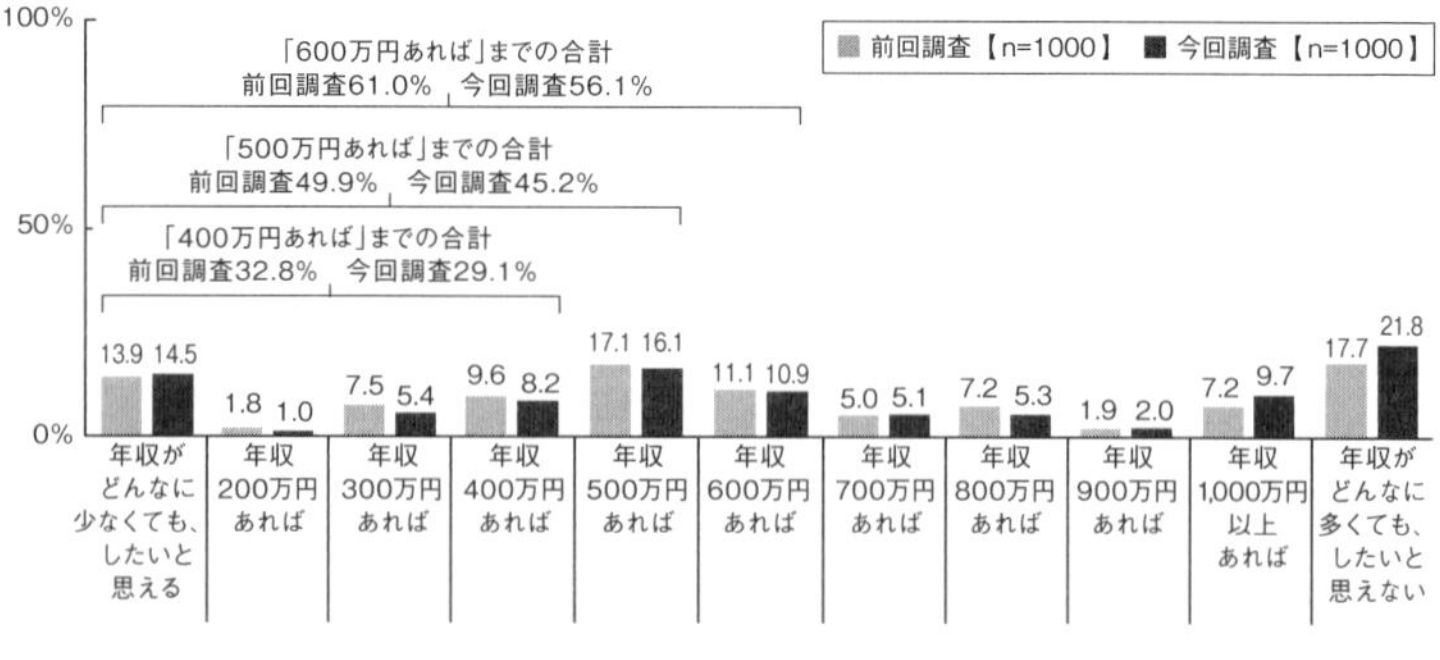

結婚しようと思える年収（世帯年収）は?
SMBCコンシューマーファイナンス株式会社 2024年

「2014年調査時点では、その中央値を計算すると379万円でしたが、最新の2024年調査では544万円にまであがっています。実に2014年対比で約1.4倍です。一方で、国税庁の民間給与実態調査から、25～29歳男性の平均年収（個人年収）は、2014年は381万円に対し、最新の2022年段階でも420万円と約1.1倍の上昇にとどまって」いて、「結婚必要年収の上昇に、実態としての若者の給料が追い付いていない」と指摘しています。（ここで、「20代の金銭感覚についての意識調査」と「民間給与実態調査」の対比の平仄が合っていませんが、数値をより保守的に扱っていると考えれば、主張する内容に問題はないでしょう。）

次に既婚者の意識を確かめます（出生動向基本調査・2021年）。

平均予定子ども数については低下傾向が続き、ギリギリ2人となっていますが、結婚期間10年未満の夫婦では2人を下回り、「子どもは持たない」を含めた予定子ども数が1人以下の夫婦は全体の2割を超えています。

希望する数の子どもを持たないのは「子育てや教育にお金がかかりすぎるから」という経済的理由が53％です。理想的には1人以上の子どもを持ちたいが、予定は0人（子どもは持たない）の場合、「ほしいけれどもできないから」が62％で最多です。

予定子ども数の実現を阻む要因として「収入」「自分や夫の仕事」「育児の協力者」「子の預け先」を挙げる夫婦が減った一方、「年齢や健康上の理由」を挙げる夫婦は増加。

なお、既婚者の調査データについては、結婚持続期間、妻の年代、初婚者などの条件が複合的に設定されていて、単年の数字よりも傾向を読み取る方が妥当かもしれません。

ここまでの実態を見る限り、少子化に経済的要因が影響していることは確かなようですが、問題は対策をどう考えるか、どうすれば良さそうか、です。

経済不安を軽減させるための金銭面や制度面に関わる提言は、従来から多くなされていますが、フランスの人口学者エマニュエル・トッドの厳しい指摘が、『朝日新聞』に紹介されています（コラム「多事奏論」２０２４年3月9日付）。

「日本人と人口動態の議論を重ねて20年、だがそのうちに気づいた。日本では人口動態は語るためのテーマであって、行動するためのテーマではないのだ」

＊

少子化対策について、伊藤忠商事の岡藤会長は「お金は大事だが、すべてではない」と言います。同社では社内託児所を設けたりして、共稼ぎをしやすいように後押ししながら、働き方改革で午後8時以降の残業を禁止する「朝型勤務」を導入し、社内出生率が急上昇したとの事。

有識者が集まった人口戦略会議（議長は日本製鉄の三村名誉会長）がまとめた緊急提言「人口ビジョン２１００」を見ました。副議長の日本郵政・増田社長は、10年前の提言が空回りし、今回がラストチャンスとの危機感で取り組んだ、と言います（『中央公論』2024年2月号）。

その内容は、レポートのサブタイトル「縮小スパイラルを断ち切るために」「目指すは安定的で成長力のある『8000万人国家』」「令和生まれが見る2100年の日本・人口6300万、4割が高齢者に」などから、言わんとするところは大体想像できます。

さすがにレポート自体は、要領よくきれいにまとめられた印象ですが、果たしてこれで世の中を軌道修正させて動かせるのか、素朴な疑問も感じます。

もちろん、それなりのインパクトはあっても、「戦略」と謳い、「国家ビジョン」と言った時点で、何かテクニカルな「数字合わせ」中心になっていないか、気になります。

＊

私見では、いま最も大事なことは、世の中の空気を動かして、若い世代が結婚して子供を持っても大丈夫と安心できるようにすることと考えます。

そのためには、価値観の多様化と、結婚や子育てに対する経済的・心理的ハードルを下げることが必要でしょう。

先の「20代の金銭感覚についての意識調査」では、「幸せになるにはお金が必要」との回答が66%でした。この数値をどう見るか、速断は難しいかもしれません。

この質問は以前にはなされていなかったようなので、回答に変化の傾向があるのか、変わっていないのか、などは分かりません。しかし、価値観の多様化で、この比率をせめて5割程度に下げられないものか――。

「幸せ」は主観的であり漠然としています。

結婚や子育ての経済的ハードルを下げることを考えるならば、実質的に育児も含めた生活のコストがそれほど高くないことが求められるでしょう。

前記の人口戦略会議のメンバーには企業のトップも含まれており、社内ではイノベーションを求めているはずです。似た感じで、必ずしも家計支出の多寡とは連動しないようなクリエイティブな人々の暮らし方の可能性に、知恵を求めてもよいのではないでしょうか。

もちろん、これは賃金を上げない言い訳づくりに向かうことではありません。

同時に、教育コスト低減にもつながる学歴偏重を企業としても抑えられないか。

価値観を多様化できる方向に知恵を絞れないか、様々な試みがあってもよいのではないでしょうか。

かつて、小型車のフォルクスワーゲンが大型車中心の米国市場で存在感を高めるきっかけを作った広告（広告代理店ＤＤＢ制作）があります。そこには、小さな車と「小さいことは良いこと」をアピールするためのキャッチフレーズがあるだけで、余計な文字や会社名などは下の方で小さく、ほとんど目立ちません。

いま、日本でも「Ｔｈｉｎｋ　ｓｍａｌｌ」のように、人々のハートに訴えて価値観の多様化に資するキャッチコピーがつくれないものでしょうか。

＊

幸福感や満足感、生活の楽しさは、物質的な豊かさだけでなく、豊かな人間関係や家族団らん、趣味をたしなむ時間などからも、もたらされるはずです。

価値観の多様化が世の中全体に浸透し、楽しく豊かな生活がお金だけでなく他からも得られるという認識が強まれば、少子化対策の一助にもなるでしょう。

価値観の多様化から、結婚への心理的なハードルも下げ、子育てに向けての社会的ムードを盛り上げるにはどうすべきか、「子は宝」のような価値観を世の中全体に盛り上げることができないか、などの観点で知恵を絞ることも大事ではないでしょうか。

ただし、価値観は人それぞれの生まれや育ち、経験、考え方などで大きく異なり、特定の価値観を人に押しつけることはできません。

フォルクスワーゲン広告　『ライフ』1960年

それまで心理的なハードルがあった人でも、異なる価値観に気付いて、あくまで自分の意思で自然に結婚や子育てを選べるような空気を醸し出すことが大切でしょう。

世の中に「子は宝」のような価値観を、どうアピールしていくか。

たとえば、インスタグラム、ユーチューブやティックトックなどにシリーズで若い世代の関心を呼べるコンテンツを送り出せれば効果的でしょう。

また、歌は世につれ、世は歌につれ、と言われるように、かつては『可愛いベイビー』『こんにちは赤ちゃん』『結婚しようよ』『瀬戸の花嫁』などの流行り歌もありました。

今なら、時代に合った新曲を音楽ストリーミングなども活用してアピールできないでしょうか。

長期的に取り組むレベルでは、教育プログラムを検討すべきでしょう。

たとえば、奈良時代の歌人、山上憶良が詠んで『万葉集』に収録された「銀（しろがね）も 金（くがね）も玉も 何せむに まされる宝 子に如（し）かめやも」は、今でも小学校や中学校の教科書で学ぶのでしょうか。これを学んだだけで「子は宝」という気持ちに向かうことはないでしょうが、教材にも子育てムードを盛り上げる工夫がほしいものです。

テレビの影響力は今なお絶大です。

以前バブル期だった頃に、テレビの「トレンディドラマ」が話題になったことがありました。筆者は見たこともなく、直接のコメントはできませんが、何かで次のようなことを読んだ記憶があります。

それまでのドラマと違い、登場人物たちのライフスタイルが素敵に描かれ、金持ちが素敵に描かれる。ストーリーは、明るく楽しい、時にせつないラブコメディー。お金を使いたがるような若い世代向け（スポンサーが喜ぶ）だった――。

ドラマは、視聴者が見たいものを見せる、として作られるとしても、テレビの影響力により、お金で豊かな暮らしぶりをカッコよく見せて、それまでのカネについての価値観を動かし、手の届きそうなあこがれも感じさせながら、「カネ礼賛」ムードにも近い価値観が視聴者に刷り込まれていたのではないでしょうか。

確かに「時は金なり」のように、カネは価値のモノサシとされてきました。「先立つものはカネ」などとも言いますが、ふだん見るテレビ番組では、富裕層のリッチな生活振りを見せつけたり、単に金持ちというだけで立派なセレブと賛美したり、カネの散財をポジティブに扱ったりで、「カネがあれば幸せ」の価値観を強調しているようにも感じます。

必ずしもテレビ番組制作者が意図的にカネを礼賛する価値観を広めようとしているとは思いませんが、そのような価値観が視聴者に強く刷り込まれ続けないようにトーンダウンの配慮も求めたいところです。

広告主の企業が社会的責任も重視している現在、さりげなく価値観の多様化を取り込む番組制作で、目新しさも含めて、スポンサー企業にアピールできれば、それはそれで面白い展開も期待できるのではないでしょうか。

今なら、ストレートに「カネ礼賛」が目立つ番組作りから離れても、社会の空気の半歩先のイメージを探り当てれば、移り気な若年層を惹きつけられるのではないか。若者が好むユーチューブやティックトックのコンテンツなどともうまく共存、すみ分け、場合によってはリードできるのではないでしょうか。

＊

世の中で、何が大事とされて、何が望ましいと考えられるか、が少しでも変化したり、多様化したりすれば、その内容によっては、世の中の「空気」が動く可能性があります。

ここまで「少子化」問題を掘り下げながら、お金などに関する価値観の多様化について触れてきました。

価値観が多様化した世の中では、決まりきった価値観や考え方に縛られずに、いままでとは異なる見方やライフスタイルをとりやすくなり、新たな学びやアイデアも生まれやすくなりそうです。

人びとの多様性が尊重され、異なる生き方や意見などが受け入れられるような環境が整えば、社会の活力も高まり、世の中がダイナミックに変化しても適応しやすくなるのではないでしょうか。

日本の社会では、かねてから異質性や異端が嫌われがちで、暗黙のうちに多様な価値観とは逆の方向性を世の中が求めていたように感じられます。

前例踏襲や事なかれ主義などは、リスクを回避するような価値観の表れと言えそうです。

昔からビジネスの世界では、「ハイ・リスク、ハイ・リターン」「ロー・リスク、ロー・リターン」と言われますが、いまも日本では、理屈はわかっていても、なかなか前者のようにリスクテイクする企業が増えにくいようです。成功を目指してリスクテイクするベンチャー企業などに対しては、「失敗しても再度チャレンジを」とバックアップするような「空気感」も求められるでしょう。

リスクを回避するような価値観だけでなく、リスクを取りに行くような価値観も自然に見られるような、価値観の多様化があってこそ、世の中が活性化されて、縁起直しができるのではないでしょうか。

＊

いまは時間について、スピード重視の価値観ばかりが目立ちます。

しかし、スピードが優先されすぎると、間をとることができず、その結果、余裕やゆとりなどを持てずに、問題が生じるようなことがあるかもしれません。

近年は電車の中などで、スマートフォンの画面を見ながら指を忙しく動かす人々が多く目に入ります。ゲームユーザーもいるでしょうが、情報やメールをチェックしていたり、ＬＩＮＥなどのＳＮＳでやり取りをしている人々も多そうです。

いまの世の中の出来事などの発生量やペースを考えると、さまざまな情報をリアルタイムで追いかけることなどは、ほとんど不可能でしょう。

それでも、時間効率を重視するタイムパフォーマンス（タイパ）志向の若者も多いようで、たとえばネット配信や録画のドラマは倍速視聴されたりもするようです。

しかし、「時間」という資源を有効に扱えるのは、タイパ志向だけでしょうか。

とにかく時間はお金などと違って、限りなく増やすことなどできません。一日は常に24時間です。

そうであれば時間との向き合い方については、スピード重視以外に、時間に追われないような価値観の多様化もありうるのではないでしょうか。

たとえば、SNS利用の仕方でも、時間に関する価値観の多様化による効果をもたらせるかもしれません。


心理学者のダニエル・カーネマンは、人間の思考モードを2つに分けました（『ファスト&スロー』）。

すなわち、速い「ファスト思考（システム1）」は、自身の関心と感情につながるものへの本能的な反応に基づき「直感的」な決断を下す時のもの。一方、遅い「スロー思考（システム2）」では、データや情報を幅広く、感情抜きで慎重に分析します。

カーネマンは「人の動きを速めたら、より衝動的で不確実な行動を引き起こす」とも言います。

そこで、SNSのリアルタイム性を（少し）落とし「一呼吸置く」ことで、少しでも衝動的な送信を減らして落ち着いた投稿を増やすことができないでしょうか。

具体的には、たとえば「送信」ボタンをクリックしても原則として一定時間は送信されず、その間に思い直せば、内容を修正したり、取り消したりできるようにします。また、匿名アカウントの場合には、送信の遅延時間をより長くすることも考えられます（ただし、非常時や緊急事態の際には、別途考慮が必要でしょう）。

多少なりとも、発信者が感情的になり過ぎずにネガティブな投稿を思いとどめる効果や、無責任で信頼できないコンテンツが拡散するタイミングを遅らせる効果などが期待できるのではないでしょうか。

ネットに向き合い利用するペースを少しばかりスローダウンすることで、コミュニケーションのペースに関する価値観を見直せる可能性もありそうです。

この実現には、G7各国などが足並みを揃えて規制に取り組まないと恐らく不可能ですが、事前に各国で実験をして有効性を確かめればよいのではないでしょうか。

日本がリーダーシップを発揮できるかもしれません。

G7以外の国では、政治体制なども考慮すべきなので、このような規制を全世界で導入するのが適当かどうかは即断できません。

いずれにしても、SNSでの感情的で暴力的な投稿やデマの瞬間的な拡散などの抑制案などとして、検討の余地があるのではないでしょうか。

広く議論を交わす場を――日本に欠けているのは

在日イギリス人経営者のデービッド・アトキンソンは歯に衣着せぬ直言で知られていますが、「日本人の議論は『のんき』すぎてお話にならない」という記事（『東洋経済オンライン』２０１９年４月５日付）でも手厳しい指摘をしています。

記事のタイトルについては「フラストレーションの表れかも」と言いつつ、「『のんきな議論』は、日本社会のありとあらゆる場面で見る」と。その滅多切りの指摘を具体的には引用しませんが、日本で交わされている議論は、「あまりにも浅く、対症療法ばかり、本当に幼稚」などと指摘し、日本人は「危機感をもって『本質』を徹底的に追求せよ」が主張のポイントです。

ところで米国では、歴史ある『ハーパーズ・マガジン』が、自由な議論がどの政治勢力からも脅かされている、と憂える「正義と開かれた議論のための公開書簡」（２０２０年10月号）を発表し、欧米各国で反響を呼びました。そのポイントは、「米国では異なる意見に対して不寛容になり、ジャーナリスト等はリスクを避けるようになっている。間違った考えを退ける方法は、誤りを明らかにし、議論し、説得することであり、意見が不一致でも良好な関係は維持できなければならない」との主張です。

いま世界で「議論」が危ない、と「白熱教室」で人気を呼んだハーバード大学のマイケル・サンデル教授は警鐘を鳴らします（『朝日新聞』2023年10月3日付インタビュー記事）。「自説を押し出すばかり。そこには妥協も納得もない」と言い、続けて「議論する力は訓練なしには身につかない。学校教育は訓練する場となるべきで、民主的な議論を再建するには、果たすべき役割を教育が取り戻す必要がある」、「議論の場も重要で、メディアは公開討論会のような場を提供し続ける責任がある。ソーシャルメディアは議論に適さない。運営企業が個人データをビジネスのために用い、似た考えの人ばかりが集まる囲いの中に利用者を閉じこめている」と。

さらに、一国では解決しえない課題についても、「国境をまたぎ、文化の相違を超えて議論する場を作ることはできるか。一国の問題を議論することすら上手にできない私たちにとって遠大な挑戦でも、見限るべきではありません」とも。

＊

あらためて、日本の現状は――。

ジャーナリストの田原総一朗は、民放テレビで「議論の場」を作ってきたと評されています。インタビュー記事で同氏は「現在の論壇やメディアは非常に委縮している」と（『中央公論』2024年4月号）。

「第2次安倍内閣での高市早苗総務大臣が、放送内容に偏向があれば放送局の電波を停止する、と発言して、一気にテレビ局や新聞社が委縮した」、いまは「ジャーナリストでも政治家でも、世の中を変えるために命をかけている人は少なくなったようだ」とも。

ただし、「論争は喧嘩だと思っているから、殴れる距離、殴られる距離じゃないとつまらない」という発言からは、テレビ番組を観てもらうためのエンターテイメントという意識が強そうで、サンデル教授が求める「議論の場」からは少し外れているように感じます。

それでも、「野党が本気で政権を取りに行っていない、喧嘩していないからだ。みんなもっと、ちゃんと喧嘩しないとダメ」との言い分は、傾聴に値するように思います。真剣に論争を仕掛けるならば、論点について十分に勉強もしなければならないでしょう。

できることなら、国内政治の重要な課題について、ＥＢＰＭ（根拠に基づく政策形成）の前さばきを行う試みとしてでも、政治家や官僚が随時オープンかつ率直に議論を戦わせる場を設けられればいいのでしょうが、いまは、どう考えても無理そうです。

＊

サンデル教授は、「重要なのは『耳を傾けること』です。なぜ相手と意見が異なるのか、理解しようとすべき」で、「議論の場も重要で、メディアは公開討論会のような場を提供し続ける責任があります」と指摘しました。

サンデル教授の指摘も受けて、「ぬるま湯」にひたり本格的な議論を避けようとする日本に活を入れるためにも、「知的ファイティング・アリーナ（仮称）」ともいうべき仕掛けで、広く参加を募り、ネット上に自由でオープンな議論の場を提供できないものでしょうか。

そのような議論の場では、田原総一朗流の論争狙いではなく、日本をより良くするという大目標を忘れずに、参加者同士が多面的な議論を通じてアイデアを競い合いつつ、テーマに関する知識や考え方の理解を深め、そのレベルアップを図ることが狙いになります。

そこでは、ファシリテイターが、事実チェックなどをするスタッフの助けも借りて、議論の交通整理をし、決められたルール（議論の前提を明らかに、あくまで論理的に、フェアに、感情的にならない、議論をはぐらかさない、等）のもとで、参加者がオープンに議論を戦わします（互いの議論に一定時間を空ける方式をとりたいですが、議論がだれないような工夫も必要でしょう）。実施に当たっては、参加インセンティブを設定して関心を高めることや、将棋の優勢度スコアのようにAIによるファイティング評価スコアを表示するなど、知的エンターテイメントの要素も取り入れながら、テーマによっては「大向こう」からの「いいね」投票で、議論を盛り上げるような工夫も考えられます。

ファシリテイターやスタッフの補助に、AIを活用することも考えられます。AIの翻訳機能などを活用できれば、広く海外からも参加できるかもしれません。

スタートに当たっては、関心の高いテーマを選び、研究機関あるいはシンクタンクなどの協力も仰ぎ、十分に準備を整えた上で、広く世間の注目を惹くように「知恵比べ大会」などと謳って、トライアルを始められないでしょうか。

ちなみに、小幡績・慶應義塾大学教授の記事「今、日本に本当に必要な経済政策とは何なのか（なぜ経済学者も政治家もバカになったのか？）」（『東洋経済オンライン』2023年9月30日付）は、筆者のような素人には大変興味深く納得のいく内容でしたが、刺激的な主張に反論のある人々も当然多いと思われます。ぜひ、オープンに議論を戦わす場に、同氏や論戦相手も参加されて、意見やアイデアなどを交換しながら、専門家以外の人々を啓蒙してもらえれば、とも思います。

＊

これは、「ディベート」と似ているように感じられるかもしれませんが、違いがあります。日本では、あまり馴染みがなさそうな「ディベート」は、意見対立のあるテーマについて、いかに論理立てて効果的に自説を述べるか、自己の主張を唱えて如何に相手に影響を与えていくか、説得するか、の手段です。

米国との交渉がけんか腰で大変だったと述懐する企業人がいましたが、実際は「ディベート」を初体験しただけだったのではないでしょうか。

専修大学の岡田憲治教授は、「ディベートは、理屈で説得するための技術を鍛えるという目的で、アメリカの教室などではトレーニングのように行われ、ゲームのような発想も必要」と言い、学生相手の経験を紹介します（『東洋経済オンライン』2023年5月21日付）。

「『電車の中での化粧は許されるか否か？』というディベートをしてみたことがあった。熱く主張した直後に、『はい！反対と賛成を入れ替えてもう一度やってみよう！』と言った時の学生の戸惑う顔はおもしろい。『いや、先生！　無理っすよ。心にもないことは言えないです！』と苦しそうに言うので、『心にもないことを、あたかも正しいことだと、冷徹に言えるようになる訓練だからやってね』と説明した。けっこうできる」と。

また、「ディベート大会」とも違いがあります。

ディベート大会では、対立する意見や立場を持つチームが議論し、観客や審査員に自らの立場の妥当性や説得力を示して、勝ち負けが重視されます。また、議論の進行について、プレゼンテーションや反論などの形式が定まっている特徴もあります。

一方、「知的ファイティング・アリーナ」は、必ずしも勝ち負けにこだわらず、議論を通じて課題についての知識や理解を深め、より良い対応策を目指せるようにすることを重視します。議論の進行についても、柔軟でオープンな形式を取り、参加者は自由に意見を述べ議論を行います。

ただし、実際に実施の過程では試行錯誤もありそうです。やり方は、柔軟に改善していけばよいのではないでしょうか。

＊

米国で議論の場を設けたイベント（非営利団体主催）の取材記事がありました（「民主主義を培う『上手な不同意』」『朝日新聞』２０２３年8月29日付）。

「政治的な分断をいかに乗り越えるか」をテーマに、学者や政治家、記者、大学生ら約７００人が全米から議論に参加。記者が傍聴した「トランプ前大統領は再選されるべきか」がテーマの討論会では、数十人の参加者の意見対立は最後まで続いたが、激しい言い争いにはならなかったそうです。対話に前向きな人が集まったことや、討議の進め方を工夫したことで、「意見が違う相手とも、丁寧に話せば、共通点が多いと分かる。より上手に不同意し、違いを認め合えたら、協力する方法も見いだしていけるはず」との意見が紹介されていました。

日本では、問題を深く議論し、討論して意見を戦わす自由があるのが自由社会であることを忘れがちではないでしょうか。

東京大学の阿古智子教授は、多様な視点や考える力、行動力を養うための教育の重要性を指摘します(『朝日新聞』インタビュー記事2024年2月14日付)。

「批判や議論を成り立たせるには、他者の意見を尊重するという一定のルールが必要ですが、日本の教育の場では、政治に絡む意見表明を敬遠し、教員にも過度に中立性を求める空気がある。しかし、議論の対象になるようなテーマが政治と無縁であることは稀であり、これでは、多様な視点や考える力、行動力を養うことはできません」と。

自由闊達な学びの場は、「お上」だけに頼るべきではないのかもしれません。

江戸時代には、江戸の官営の学問所「昌平黌」に対して、大坂では豪商がバックアップした民営の学問所「懐徳堂」があり、山片蟠桃等多くの俊英が学びました。さらに蘭学者・緒方洪庵が「適塾」を開き、福沢諭吉、大村益次郎ら明治維新につながる天下の英才が集まり、福沢諭吉は『福翁自伝』に「学問勉強では、当時の世の中で緒方塾生より上の者はなかろう」と記したほどでした。

他の名称が適切なのかもしれませんが、「知的ファイティング・アリーナ」は、相手の意見にもしっかりと耳を傾けて、双方向のコミュニケーションをとりながら、深く議論する力を訓練する場にもなり得ると考えられます。

「適塾」などとは違う形で、令和の「福沢諭吉」を育てられるかもしれません。

いまは社会全体で官民のバランスが大きく「官」に偏っている印象があります。

このような時期に、民間の合理主義の精神に基づいて、自由でオープンな議論の場を民間主導で設けられないものでしょうか。

自由でオープンな議論の場で、異なる視点や意見を持つ人々が出会い、お互いの立場や考え方を理解する機会が得られて、さらに議論を通じて共通の理解を築くことができれば、縁起直しに向けても一歩前進できるのではないでしょうか。

視野を広く――地域活性化を例に

『ジャパン・アズ・ナンバーワン』を著したハーバード大学のエズラ・ボーゲル名誉教授は、日本が「将来の世界秩序にもっと貢献してほしい」と期待をしつつ、「戦後の日本の官僚には幅広く物を考える人がいたが、最近は視野が少し狭い。政治家は強くなったが勉強をしない。世界での経験を積み、戦略を持つリーダーを育てないといけない」と語っていました（『日経新聞』２０１９年５月４日付）。

政治家の視野が狭くなったように思われるのは、小選挙区制が導入され、地元有権者の利害や意向に影響される傾向が強まったことにも関係がありそうです。

かつて、政治家は優秀なブレーンからアドバイスを受け、幅広く講師を招き研究会などを開き、視野を広げる努力もしていたものです。

もちろん、賢人や専門家に意見を求めること以外でも、政治家の視野を広げることができそうです。

たとえば、地域活性化を目指すアイデアは、地域に根差した取り組みを調べることで得られるものに価値があるでしょう。

実際、地域や生活に関わる要望を地元議員へ届け、問題解決に導くためのサイトをネット上で運営するベンチャー企業もあります（『東洋経済オンライン』２０２３年12月23日付）。

有権者の身近な要望を地元議員へ届ける「イシューズ」は、２０１９年のサービス開始後、少なくとも全国25自治体で17種類以上の政策が実現した、と言います。

その仕組みは、サイト上で利用者からの「要望」について賛否を募り、その投票結果などが地元の登録議員へ届きます。議員側はニーズを探りながら、自治体へ働き掛けたり、議会で取り上げたりして政策の実現を目指すことになります。

かつては、町内会などで生活上の困りごとを話し合い、その課題や要望は議員に直接伝えられたり、自治体などへ働きかけたりされました。ところが、近年はそのような結びつきが弱まり、特に都市部では市民側のニーズが現実の政治と切り離されがちです。

そこで、この「イシューズ」の仕組みが役立つことになります。

議員と有権者のマッチング・インフラを提供することで、課題があっても、どこに伝えて良いのか分からない住民と、普段の政治活動では絶対に遭遇しない有権者層に出会える議員の双方に魅力的な仕組みになっていて、実際の利用者のうち、約9割は20〜40代で、8割近くが無党派層です。

記事では、議員からの「自分が良いと思ってやることでも、どれぐらいの市民の役に立っているのか、分からないこともある。たくさんの意見を集められると、政策を進めていく上での自信や使命感につながります。役所に『予算がない』と渋られたとしても、『どうしても必要なんだ』と説得する材料にもなります」との声も紹介。

このような取り組みが広まれば、議員と住民の双方の視野を広げられ、生活をより良く、政治をより良くしていく好循環を実現できる可能性もありそうです。

＊

経営の神様・松下幸之助は、衆知を集め視野を広くすることが大事として、その著『道をひらく』では、視野を「百八十度までひろげてみても、それでようやく、ものごとの半面がわかっただけ」

と言います。

視野を広げることで、様々な要因や可能性を考慮に入れることができて、異なる視点やアプローチにも目を向けられます。

何か想定外の事態が起きたときには、素早く衆知を集めて対応することが大事でしょう。

新型コロナウイルスへの対策について、政府が専門家集団の知恵を最大限活用しようとしたか、疑問を呈する意見もありました。

『朝日新聞』のインタビュー（2020年8月21日付）で、千葉大学の新藤宗幸名誉教授は、「立ち上げた専門家会議のメンバーを見ると、未知のウィルスに対する科学的な助言を本当に求めていたのか疑問です。政権と親和性の高い専門家を集めて助言機関の体裁を整えたように見える。未知のウィルスへの対応は複雑で、専門家の間でも百家争鳴的な議論が起きている。こうした多様な意見を採り入れる態勢」であるべき、と指摘。

＊

視野が狭いままで思い付いたことは、そのままではダメなことが多いものです。

たとえば、「スズメは穀物を食べる害鳥なので駆除すべき」という思い付きをそのまま実行に移した毛沢東時代の中国。しかし、スズメがいなくなると、それまでスズメに食べられていたイナゴが大量発生し、スズメ以上に作物を荒らしてしまったようです。

視野が狭いと、特定の情報や視点にだけ目を向けがちです。その結果、重要な情報が見落とされたり、他の視点や意見が無視されたりする可能性があります。

「データ」を扱うときも、単なる数字としてではなく、それが集められた背景や事情も把握し、理解して、実践に活かす内容を捉えるような視野の広さが求められます。

ノーベル賞を受賞した京都大学の本庶佑名誉教授も、「データはデータのままでは役に立たない。データは知識と知恵によって解釈され、はじめて我々の意思決定や問題解決に役立つ情報になる」と言います。

テクノロジーの進歩も単純にメリットをもたらすとは限りません。企業が新しい技術を導入しても、活用に向けての視野が狭いならば、社内プロセスなどが旧態依然のままで十分な効果を得られないこともあります。

昔オフィスにワープロが導入されたとき、事務の女性に訊いたところ、「そんなに便利になっていない」との意見でした。実際には書類の清書を頼まれたりするなど、かえって事務量が増えた、などと。

＊

政治の世界で、地域活性化、地域おこし、地域振興、地域づくり、などが言われます。

そのために、地方自治体が個別に取り組むことも大事ですが、視野を広げて国全体にかかわることとして、ただ地域にカネを出すだけでない知恵も出せればと思います。

たとえば、日本全国の国土を守ることと地方の衰退を防ぐことを結び付けられないでしょうか。

いま日本では、「国土保全」を、自然災害から国土を保護すること、とされているようですが、もう少し範囲を広げられないでしょうか。

自然環境の保護や維持管理、さらには外国からの国土買収制限なども国土保全の枠組みに入れて、「国土保全隊」のような組織を設けるのはどうでしょうか。

隊員は公務員とし、地域ごとに採用され活動することとして、意欲ある高齢者も地元で働けるようにします。既存の森林官や自然保護官なども含む制度にして、幅広く活動できるようにすれば、国土の予防保全も期待できるはずです。

ドイツでは医師やパイロット並みに人気ある職業が「森林官」とのこと（『日経電子版』2023年6月5日付）。

ドイツの森林面積は日本の半分以下ですが、豊かな自然を残しつつ、日本の倍以上の木材を国内生産しています。

森林官は同じ地区で二十年以上の任期があり、法律に基づいて、国有林だけでなく担当区域の私有林についても助言や支援、行政指導を行います。

一方、いまの日本の森林官は、森林面積の3割を占める国有林だけを管理し、2〜3年で定期異動があるようです。

ドイツでは、どこの森林にも自由に立ち入ることができて、散歩などもできる「林業専用道」が必ず整備されており、地元住民も自然を楽しめているようです。

日本は雨量が多いなど、単純にドイツを参考にはできなくとも、国土の保全という観点で、独自の仕組みのアイデアも出せるはずです。

戦後日本では、各地で大規模な造林が進み、広葉樹林がスギやヒノキの針葉樹に置き換えられました。その後、針葉樹林は間伐されないまま放置され、花粉症を引き起こしたり、野生動物の生態系にも影響を及ぼしたりして、不自然な状態です。

前世紀の先哲はドイツに学び、政治家・大隈重信首相による案も排して、東京に適した多彩な木々の森をつくり上げました。

百年先を見据えた植林方針で育てられているドイツの森林モデルを、百年以上前に取り入れて成功したのが今の明治神宮の森だそうです。

日本は森林が多く、住める国土面積の割合は3分の1ですが、国土交通省によれば、2050年には全国の居住地域の約2割で人がいなくなる、と予測されています（資料『2050年の国土に係る状況変化』より）。

単なる「地域おこし」だけでは、過疎化が進む中山間地域などでの国土保全の問題も解決できるとは思えません。

「国土保全隊」のようなアイデアを検討する意義もあるのではないでしょうか。

＊

いまの世の中で、人が視野狭窄に陥らないために心すべきことは――。

米著名投資家ウォーレン・バフェットは「自分より優れた人たちと付き合う方がいい。自分より良い行動を取る人を仲間にするべきだ。そうすることで、あなたも同じ方向に導かれていく」と言いました。

ニューヨークの音楽ホールにも名を残した鉄鋼王アンドリュー・カーネギーは、墓碑銘に「自身よりも賢明な人物を身辺に集める法を心得た者ここに眠る」と自ら刻みました。

社会全体としての「視野の広さ」も大事です。

世の中の「視野の広さ」については、人々がさまざまなメディアなどから情報を得て、偏りのない視点を得ることができているかどうか、異なる意見や視点を尊重し受け入れるような文化があるかどうか、政治的な分断化で対話や妥協の余地をなくしていないか、などで評価できそうです。

多様な価値観のもとで、意見の異なる人々ともオープンに対話し率直に議論できる場の提供なども、世の中が視野狭窄に陥らないために大切なことでしょう。

視野を大きく広げられれば、世の中の縁起直しもやりやすくなりそうです。

国際平和へのリーダーシップを——大胆な提言を

まずは、色々なバージョンがある小咄を一つ。

怪しげなモノも売っているフリーマーケットにて——。

「これは物知り博士の脳みそだよ。すぐに使えるから千ドル」

「この小さいのは赤ん坊ので、これから育つから高いよ。二千ドル」

「こいつは、ほとんど未使用で新品同様だから高いよ。何しろ総理大臣のだからね」

別のバージョンでは、政治リーダーの脳は「まるで役に立たないからタダだよ」というのもあります。

いま世界が直面している数多くの困難な課題に対して、主要国のリーダー達の対処能力が見合っていないのではないでしょうか。世界の現状は誰の手にも負えないとして、この事態を傍観するだけでよいのでしょうか。

＊

21世紀において国際社会を主導する国は存在しません。

真に世界的な目標を推進する能力と意志を持つリーダーがいない世界は、「Gゼロ」と言われ、各国が内向きになり、グローバルなリーダーシップが低迷している状況です。

いまは、困難な状況を前に、G7各国なども実質的には互いに顔を見合わせているだけのようにも見えます。

しかし、未来に向けて望みを捨てず、日本も知恵を絞れば、世界に貢献することが可能ではないでしょうか。

元外務事務次官の藪中三十二は、『朝日新聞』のインタビューで、ロシアのウクライナ侵攻を止めるために米国の「外交が不在ではなかったか」と異例の疑問を呈しています（2024年2月6日付）。

具体的には、まず、侵攻前のロシアからの「ウクライナをNATOに加盟させるな」との要求に対し、米国が無策でゼロ回答だったことを問題視し、自分だったら「…」と残念がります。

さらに、「ロシア侵攻の3カ月前にはロシアの侵攻阻止への協力姿勢を打ち出しながら、直前になって米大統領が『米軍は関与しない』と言う一貫性のなさ」も指摘し、結局「抑止は完全に失敗し、外交不在でした」と悔しさをにじませます。

続けて、「米外交を問題視すると『ロシアの味方か』と言われかねないので、誰も言おうとしません。もちろん、100％悪いのはプーチン大統領であり、ウクライナへの侵攻は絶対に認められない。でも侵攻を止められたかどうかは別問題です」とも。

ところで、国際問題に知恵を絞り出すためのヒントは、誰でも探せばいくらでも見つかるのではないでしょうか。

たとえば、イスラムを理解する情報源には、イスラム思想家へのインタビュー記事などもあります（『朝日新聞』「イスラムと欧米」2016年10月21日付）。

欧米とイスラムの関係に「寛容の精神」が大切、という意見は一見もっともらしく聞こえますが、イスラム思想家は、「イスラム教徒からすれば、『寛容』とは支配する側からの言い分で、植民地時代の名残り。とにかく相手を認め合い、相互に尊重しあう対等の関係が必要」と。

「いまは信頼関係が失われているが、イスラム教徒も自らを被害者と位置づけていてはダメ」、「大勢のイスラム教徒の中の一部の暴力的な人々だけを見ずに、イスラム教徒の多様性を知ってほしい」とも。

ただし、同じ記事に東京大学の池内恵教授のコメントもあります。

「イスラム教は、西欧思想と同じ意味で自由で平等ではない。正しい宗教＝イスラム教を信じる自由はあるが、中東諸国では仏教寺院は建てられない。イスラム教の信仰を捨てる自由も認められない。イスラム教の不平等や不自由な面にイスラム思想家は言及しようとしない」と。

＊

世界の課題に対処すべき国連は、理想と目的に対して機能不全が甚だしく、創設時に宣言された世界平和の維持さえままならない有様です。

１９６５年に米国最大の平和団体が出した反戦・反核キャンペーンの新聞

『第三次世界大戦の勝者』
平和団体の広告 1965年

広告（印象的なビジュアルタッチで注目された広告代理店ＤＤＢの著名なアートディレクター制作）が目を引きます。無地の背景にゴキブリがいて、「第三次世界大戦の勝者」というものです。

それから約六十年。

目下の問題として、ロシアのウクライナ侵攻とイスラエルとハマスの紛争が注目されていますが、それ以外にも、シリアなど中東からの欧州難民問題、米国に押し寄せる中南米からの難民問題、注目度は低いがコンゴなどアフリカでの深刻な紛争、さらにはアジアでの諸問題など数え切れないほど多くあります。

しかし世界を見渡しても、いま国際問題に対して有効な対策のアイデアをもつ国や機関が見当りません。各国首脳も目先のことに追われていて、山積している問題には、利害関係がなければ、無視か見て見ぬふりのようです。

過去を振り返ると、１９３８年には英仏がチェコスロバキアのズデーテン地方の割譲をドイツに認めました。ナチスに対して宥和政策を採った英国は、チェコスロバキアのような国のために自国の若者を戦場に送ったりはできない、との考えでした。

かつて米国のオバマ大統領（当時）も、結局、シリアの人々について、それと似たようなことを思っていたようです。

いまはトランプ前大統領の同盟国に対する厳しい見方も目立っていますが、その前にオバマ元大統領が同盟国のただ乗りについて述べた不満も大して変わらないようでした（米『アトランティック』インタビュー記事・２０１６年３月）。

＊

Ｇ20（先進国に新興国を加えた主要20カ国）でも各国が対立し、意見がなかなかまとまりません。協調できそうな気候変動対策でも、経済発展のために一定程度の温暖化ガスの排出容認を求める国もあるなど、各国が合意に至るのは難しそうです。また、発言権が強まったグローバルサウスの国々には、先進国主導の対策に感情的な反発もあるようです。

これから先のことを考えても、新たな課題が数多く控えています。人工知能（ＡＩ）の軍事利用や軍拡競争にどう歯止めをかけるか、宇宙空間の安全保障問題、月や火星などの宇宙資源に対する国際法的管理の仕組みをどうするか、激増する人工衛星が宇宙ゴミ化する問題の対策をどうするか、広く宇宙に関わる国際的なルール作りをどうするか等々。

国際社会は、「正義」に基づく国際秩序のもとで平和が維持されるべきですが、現実は課題が積み上がっている感じです。

東京大学の鈴木一人教授は、普遍的な国際秩序を形成していくことは事実上不可能、と指摘します（『日経新聞』２０２３年8月31日付）。

「国際秩序を巡っては、中ロが『力に基づく秩序』を推し進め、米国が『国益に基づく秩序』を優先し、グローバルサウスが『反植民地主義に基づく秩序』を追求する中で、日本や欧州などの国々が『ルールに基づく秩序』を求めても、合意できる状況にはない」と。

＊

いま国際社会を律するのは、必ずしも強制力のない国際法です。その基本前提は、主権国家が独立した存在であること、他国からは干渉されないことですが、難しい問題が生じています。

実際、ロシアによるウクライナ侵攻や、グローバリゼーション（制度的な枠組みは国家単位でも経済活動は主権国家の国境を越える）の進展などの現実があります。

そもそもの「正義」や「国際秩序」への挑戦に対する対応も一筋縄では行きません。それは、国際社会では国家ごとに法と正義の秩序がある、とされるからでもあります。

ロシアは核保有大国です。ウクライナ侵攻後の経過を見ていると、核保有国が軍事行動をすれば誰にも止められないように見えます。過去に米国がコソボ紛争に介入したのは、当事国が核を保有していなかったことも大きな要因でしょう。

国際司法裁判所（ＩＣＪ）は、ウクライナ侵攻開始から約１か月で戦闘停止を命じる暫定措置を出したが、ロシアは無視。

侵攻直後の安保理では、ロシアを非難し即時撤退を求める決議案にロシアが拒否権を行使。非常任理事国のインド、ＵＡＥは棄権。

２０２２年10月に国連総会でロシアに対する非難決議案が１４３カ国の賛成で採択されましたが、中国やインドなど35カ国が棄権し、満場一致には程遠い状況でした。

ウクライナに侵攻したロシアの戦闘行為については、「戦争犯罪」と非難の声が強まり、病院などへの無差別攻撃などは、国際人道法であるジュネーブ条約などに違反する可能性が指摘されています。ウクライナの提訴を受けて国際司法裁判所（ＩＣＪ）はロシアの侵攻に関する審理を始めましたが、時間を要する上に、ロシアがＩＣＪに加盟していないため法的拘束力は限定されます。

民間人への攻撃を「ジェノサイド（大量虐殺）」と立証できるかどうか。ジェノサイドは、戦争犯罪の中でも特に重い国際法上の犯罪とされますが、「組織的な大量虐殺の意図」の証拠が求められ、ロシアがＩＣＪの非加盟国だけにハードルが高いようです。

また、国際刑事裁判所（ＩＣＣ）もウクライナで起きた戦争犯罪の捜査を開始し、ロシアのプーチン大統領らへの逮捕状を発行しました。しかし、肝心のロシアなどＩＣＣ非加盟国やロシアとの関係を重視する国もあり、プーチン大統領らは国外への移動に制約があっても、逮捕には至らない見込みです。

中東でもイスラエルとイスラム組織ハマスの紛争が続いています。ハマスが仕掛けたテロは明らかに国際人道法に反しますが、その後のイスラエルのガザへの攻撃は国際法に反していないかどうか。民間人の犠牲者を多く出しても、あくまでイスラエルは「必要なこと」と主張しているようです。ハマスのイスラエル攻撃から2カ月後の２０２３年12月に安保理に提出された人道目的の即時停戦を求める決議案は、米国が拒否権を行使。理事国のうち、日本など13カ国は賛成、英国は棄権しました。（それまでにガザ情勢を巡る5回の決議案は、いずれも米中ロが拒否権を行使。）

せめて米国は、当事国・国民とその政権を峻別するような行動ができないものでしょうか。

国際司法裁判所（ＩＣＪ）は２０２４年1月、ガザに侵攻するイスラエルがジェノサイド条約に違反するとの提訴から1か月後に暫定措置を出しましたが、それは自衛権を主張するイスラエルに対して同条約の順守措置を強く要求したものでした。ＩＣＪの判決が通常は数年以上かかるための暫定措置でしたが、イスラエルは強く反発しています。

ようやく２０２４年3月にラマダン（断食月）期間中の即時停戦を求める決議が採択されました（米国は棄権）。安保理決議には法的拘束力があり、国連加盟国は履行義務がありますが、イスラエルは反発し、今後の見通しは不透明です。

ウクライナ戦争、ガザ戦闘やその他の紛争などを見るにつけても、いまの世界では、自国の利害を優先し自らの言動を正当化する傾向が目に余るように感じます。

＊

世界のきな臭い現状に接し、日本にいると世界の現実の認識が足りていないことにも気付きます。各国が何を考えているのか、なぜロシアが侵略戦争を始めたのか、なぜ中東から暴力がなくならないのか、中国の実態はどうなっているのか、アジアだけでなく、いまのアフリカのことをどれほど知っているのか——。

日本では「お互いの意見が異なるときも、何とか一致できるようにしたい」、「お互いには共通認識があり、分かり合えるはず」と考えがちです。

しかし、歴史的背景、社会的条件や経済的条件が異なり、違う考え方、違う価値観を持つ外国の人々が多くいます。

作家・曽野綾子の体験を紹介する記事があります（『ダイヤモンドオンライン』２０２３年9月27日付）。１９７５年にアラブ諸国を旅行し、日本人の論理とは全く違うものの考え方をする人々がいることに感動したのは——。

「過去のことは水に流して…」は、アラブでは通らない。多くの遊牧民は、過去を流せるような、一年中水の流れている川など見たこともなく暮らしている。だから水に流すとはどういうことか、実感がない。

「捨てる神あれば、拾う神あり」は、一神教の人々には通じない。

彼らの多くが生きてきた砂漠は、そこにわずかな水があっても、自分たちだけの量しかないのが普通。オアシスの権利に対する厳しさを日本人は知らない。

アラブは徹底した力の社会で、人間は皆平等、などという発想はない。

体験談の最後に、「『皆が平和を望めばそうなるのに』式の甘い考え方が、世界中で道徳的にも通ると信じ切っているのが日本人。アラブはもちろん、西欧にもアメリカにも『真理のため、国家と国民の安全のためには、人は死なねばならぬ時もある。そしてその死は栄光に包まれたものである』と考える人はいくらでもいる」と、世界の百十一カ国を巡った92歳の知識人は指摘します。

これからも世界の国々と関わり続ける日本には、外に向かい、多様な世界をきちんと理解しておくことが求められます。

＊

国連憲章のもとで「国際の平和と安全に主要な責任を持つのが安全保障理事会」とされていますが、その安保理も、各国の意見や利害が一致せず、常任理事国の拒否権行使により機能を果たせないことも多く、改革が求められています。

常任理事国のロシアが、国連憲章の禁止する武力行使でウクライナに侵攻、イスラエルとハマスの深刻化する紛争では、人道目的の即時停戦を求める決議案には常任理事国の米国が拒否権を行使など、世界平和への道筋が見えません。

以前から、安保理の改革が提案されたり、日本を含む有力国の常任理事国入りが検討されたりしているようですが、その程度では、いまの常任理事国が拒否権を行使できる限り、重大で込み入った問題への有効な対応は無理なように思われます。

いまも世界には、ほとんど無視されているような多くの紛争が存在しています。たとえば「見過ごされてきたコンゴの危機『私たちは戦争の中に生きている』」という『ニューヨーク・タイムズ』の記事（2023年12月17日付）によると、アフリカのコンゴ民主共和国（人口＝約1億人）では30年にわたる戦いで6百万人が命を失い、今も百を超える武装勢力が互いに殺戮を繰り返す内戦状態です。

隣国ルワンダを経由する金や他の鉱物資源の密輸により、同国は年間10億ドルの損失を被っているとも言われ、地下資源を目当てに外国資本が同国に殺到しても、ほとんど誰もそこで起きている悲劇には目もくれない。政治的腐敗は蔓延し、正規軍はお粗末で、ルワンダは軍事介入し、さらに外人部隊までいるようですが、人々は「そういうものだ」と諦めているみたいだ、と言います。

このような状況の世界を見渡すとき、改めて世界の分断が深刻と感じます。

英『エコノミスト』(2023年4月15日号)は、「権威主義的な中国・ロシアに対する民主主義陣営の欧米は一枚岩でなく、世界人口の半分を擁する非同盟中立の国々も、集団としての重要性は増しているが、各国に共通点は乏しく、まとまりがない」と指摘します。

しかし、非同盟中立国は「戦後の米国主導の世界秩序に基づく国連や国際通貨基金(IMF)などの機関は混乱し劣化している」と見ており、必ずしも信頼していない。

「欧米各国が自由主義の理念や人権の保護を訴えても、その主張は自分勝手で、一貫性がなく、偽善的に映っている」とも。

*

とにかく日本としては、世界をより平和にしていくことが国益にもかなうので、そのために、リーダーシップをとり、国連に対して大胆な提言もするべきではないでしょうか。

国連の改革については、過去に様々な試みがなされたと思いますが、小さな変化はあっても、大きな変化があったようには見えません。この際、トップダウンのアプローチで、大胆なアイデアを出してみる価値があるように思われます。

そこで、世界平和への活動を少しでも推進するために、我が国が、国連に三つの「機関」（便宜上こう呼びます）の創設を提案してはどうでしょうか。

一つは、紛争の背景に宗教的な反目がある場合の話し合い・調停のための「機関」です。

いま、イスラエルとパレスチナ人は相互不信、憎悪と恐怖の極限状態に向かっているように見えます。イスラエルはパレスチナ人抹殺の意図を疑われており、パレスチナ自治区を実効支配するハマスは、ユダヤ人とユダヤ人国家の生存権を認めず、「アラー」を持ち出して、パレスチナ問題を宗教問題化しているようにも見えます。

また、ミャンマーのイスラム系少数民族ロヒンギャ迫害では、軍部の強圧統治問題とともに宗教問題と民族問題が絡み合っている部分もあります。

政治学者イアン・ブレマーは２０２２年に、無法地帯は２００１年9月11日の米同時テロ以前よりも増えている、と指摘しました（『日経新聞』2月23日付）が、その後も状況は悪化しているようです。

その記事によれば、米国も中国もイスラム主義勢力が支配するアフガンの平和と安定に関心があっても、直接関与は望んでおらず、イスラム過激派の活動が盛んな西アフリカでも主要国は直接介入を避ける姿勢など、遠く離れた地域の混乱に大国は関心を失っているようだ、と。

この状況は決して放置しておけず、国連は従来とは違う角度から、宗教に絡む調停を模索すべきです。もちろん一朝一夕にはうまく機能しないでしょうが、宗教面の深い理解なしには混乱解決の道を見出せないと思います。まずは、世界の主要な宗教、宗教集団から代表を選んだ機関において、宗教的な観点から混乱や紛争の背景を深く理解することが、対応策を見つける出発点になるはずです。

日本ならではの提案という意味で、1987年から毎年開催されている「比叡山宗教サミット『世界宗教者平和の祈りの集い』」を母体にできるかもしれません。当サミットでは、仏教、キリスト教、イスラム教、ヒンドゥー教、シーク教などの代表者が比叡山に集まって、それぞれの祈り方、それぞれの言語で世界の平和を祈ります。

提案を具体化できそうであれば、さらにアクティブな役割を果たせるように、天台宗座主はじめ関係者の協力を求めてはどうでしょうか。

ただし、宗教面をそれほど意識しなくてもよいタイプの混乱や紛争もあるでしょう。元国連紛争調停官の島田久仁彦は、自身の経験から「戦争は宗教や民族の違いによって起きるのではなく、隣人のものを少しでも欲しいと考えて、自分の欲を満たすために起こすもの」と指摘します（メルマガ配信記事２０２３年12月25日付）。

このように「もっと欲しい、もっと欲しい」の心理が戦争の種になるとすれば、前記の機関とは別のアプローチが必要です。

そこで2番目の提案が、当事者たちの心理面に着目する「カウンセリング機関」の創設です。まず、第三者には人の心など分からないという謙虚な姿勢で、当事者たちの話を聞くことが大事でしょう。ただし、同じ人間同士、話せば分かるはず、のような安易な考え方は禁物です。当事者から問答無用のような態度や最後通告のような発言があったとしても、そこから話が始まるのだ、と気付かせる――。

「カウンセラー」には、さまざまな文化に詳しい文化人類学の専門家や経験豊富な臨床心理学の専門家を各国から集めるのが良さそうです。臨床心理学のプロならば、紛争の当事者に対して単刀直入に「平和」などを訴えても効果はないことなど、先刻承知でしょう。世界でフィールドワークの経験がある文化人類学の専門家であれば、実践的な知恵を出せる可能性があります。

カウンセラーは、いわば海図を示す役割で、船をどの方向に、どう進めるかを命令するようなことはカウンセリングの範囲からは外れます。

ここでも日本ならではの提案として、古代からの叡智「易経」の教えを取り入れることが役立つのではないでしょうか。

「易」というと占いを連想されるかもしれません。たしかに、方便としての使い方も含めて「占い」が役立つこともありそうです。しかし、単なる占いの提供手段と捉えるだけでなく、根底にある思想を深く理解すれば、カウンセリングを補完する役割を見出せるはずです。

中国で三千年前に、処世の指針や教訓をまとめられたのが『易経』です。そこに記された名言に、

「窮《きゅう》すれば変《へん》じ、変《へん》ずれば通《つう》ず」（何事も事態が行き詰ると、必ず情勢の変化が生じ、変化が起れば、そこから新たな展開になる）があります。

また、「天を楽しみ、命《めい》を知る、ゆえに憂《うれ》えず」（天命を悟って、達観の心構えができたとき、じたばたせずにすむ）のような言葉もあります。

「易経」の陰陽思想では、「陰」と「陽」の一方がなければもう一方も存在し得ず、陽は単純に善いものではなく、陰は単純に悪いものではない。陽があれば陰があり、陰があれば陽があって、互いに切り離せず、太極図でシンボリックに示されます。動的な「陽」と静的な「陰」、それらが組み合わさり変化していくが、その中に変わらないものがあるという考え方は、占いの易者の世界を超えた魅力もあります。

カウンセリングの場面では、易学で使われる「陽」と「陰」に対応する記号を組み合わせたパターン（卦＝け）を示すことや、場合によっては、易者が使う筮竹《ぜいちく》や算木《さんぎ》の活用も有効かもしれません。

独自の心理学を打ち立てたユングは、無意識に関する独創的な学説で知られていますが、無意識にアプローチするためのツールとしての利用価値を、易に見出していたようです。

太極図

＊

3番目の提案は、かなりSF的ですぐには実現が難しいかもしれません。

一口で言うと、安保理の機能もカバーする国対抗のＡＩ版「知的ファイティング・アリーナ」の創設です。

具体的には、参加国が自前のＡＩを用意し、差し迫った議題について、部分的に人間もサポートするＡＩによる知恵比べ＝バトルロイヤルをオープンに戦います。レフェリーは、ルールが守られていることをチェックしつつ、必要に応じて「ブレイク」を宣告します。

参加国の資格は「自前のＡＩを用意できること」と、知恵比べの基本ルール順守を約束することで、恐らく安保理の常任理事国は全て参加すると思われます。米国は「一番強いのだ」との自負から、中ロは「アメリカに一泡吹かせてやろう」との思惑から、英仏はそれぞれ、「老獪さが勝つ」、「ヴィヴ・ラ・フランス！（フランス万歳）」と思って参加するのではないでしょうか。

もちろん、日本はじめ、それ以外の国も、参加資格を満たせば参加できます。

ルールについては、参加国の合意に基づき決めればよいでしょうが、ルール作りの段階から各国の駆け引きが始まるかもしれません。

この仕掛けは一種のゲームとも言えますが、平和的に人間の闘争本能をくすぐる意味合いもあります。逃げ口上なしの真剣勝負が求められるバトルフィールドでは、ある種のテクニックなども駆使されるかもしれません。

問題は、使用に耐えるＡＩがどのようなものか、を見極めることですが、現在のＡＩの進化の状況からすれば、決して夢物語ではないと思います。

あえて、このような提案を持ち出したのには理由があります。

いま世界で起きている戦争や紛争は、必ずしも国家と国家の争いばかりではなく、国家とは言えないようなテロ組織やゲリラ組織が関与したりします。そこでは、戦闘員と民間人の区別もつきにくいかもしれません。従来からの国際法が想定している範囲を超える現実があるとすれば、新たな考え方が必要になります。争いや戦いの目的も伝統的な見方にはなじみにくいものがあるかもしれません。

「国際の平和と安全」について現実的でシビアな議論をするためには、AIを活用するような伝統的ではない仕組みがあってもよいのではないでしょうか。

いまや国連の目的とされる「国際の平和と安全を維持すること」でカバーされるべき範囲は、従来からの軍事的な側面だけではなくなっています。現代では、世界各国が複雑な相互依存関係にあり、過去には目立たなかったボトルネックが思いがけないところにあったりもします。たとえば、紅海・スエズ運河などを経由する海上輸送、通信ネットワークを支える海底ケーブル、国際的な分業も進んだ製造業を支える複雑なサプライチェーン、サイバー攻撃のリスクがあるネットワーク接続されている機器や施設など、さまざまです。

「国際の平和と安全」を維持するために、さまざまな当事者が絡み合う情報、お金、モノなどのネットワーク・システムをどのように保全できるか、は難問です。

危機に際し、複雑に込み入った問題に対して、迅速に漏れなく検討してベストの対処案を出すためには、人間をサポートするＡＩが役に立つのではないでしょうか。

たとえば、各国の矛盾した言動がＡＩによって指摘されれば、それなりの対応が求められるでしょう。ＡＩは過去の紛争などからの教訓を取り入れるためにも役立つはずです。たとえば、紛争後の社会を安定させるためにはどうすればいいのか、など過去の失敗の記録から学べることも多いでしょう。

ところで、米国の外交専門誌『フォーリンアフェアーズ』に「ガザとルールに基づく秩序の終焉」と題する論考がありました（２０２４年2月15日付）。

「米国が９・11以降に『テロとの戦い』を始め、『テロリスト』の追及では何でも許されるという考えを常態化させた時に、国際的な法の支配の弱体化が始まった」と言い、「ガザ紛争が、ルールに基づく秩序の終焉と新しい時代の始まりを告げた」と指摘します。

そして、あるＧ７外交官の「我々はグローバルサウスでの戦いに間違いなく敗北した。（ウクライナをめぐる）グローバルサウスと行ってきたすべての仕事は失われてしまった。…ルールを忘れ、世界秩序を忘れてしまった。彼らはもう二度と私たちの言うことを聞かないでしょう」との嘆きを紹介しています。

「国際法の普遍的な適用が瀕死の状態にあり、野蛮な国益と単なる貪欲を除いては、その代わりとなるものがまだ何もない」とも。

従来からの尋常な手立てでは、これからの平穏な世界は実現できそうにありません。

それでも、世界の難題に対処するには、多面的な事実や当事者の主張などを整理した上で、柔軟な判断と論理に基づくオープンな議論が必要です。それにはAIのようなツールの活用が有効ではないでしょうか。

ただし、それで直ちに解決とは行かないはずです。論理で割り切れない心情的な問題やさまざまなトレードオフがあって、「最適解」のような解決策は見つけにくいでしょう。

しかし、このような仕掛けを通じて、オープンに問題点、課題を整理し、対応策を考えていくならば、さまざまな批判を乗り越えて妥協案も見つけられるのではないでしょうか。

実際に、難題が山積する世界情勢に対処するためには、さらに国連の抜本的な改革が必要でしょうが、各国の合意を得るのは至難の業と思われます。必要な資金の手当てだけを考えても、米国など有力国の同意を取り付けるのは困難でしょう。

米国は、世界の警察官を降りると言いましたが、それでいて普通の国でいるつもりはなさそうです。「法と秩序」を唱えても、ＩＣＪやＩＣＣの外側からです。中ロなども似たりよったりのご都合主義でしょう。

＊

今なお世界各地で紛争が続き、民主主義諸国の唱えるような国際秩序の確立、定着への道筋が見

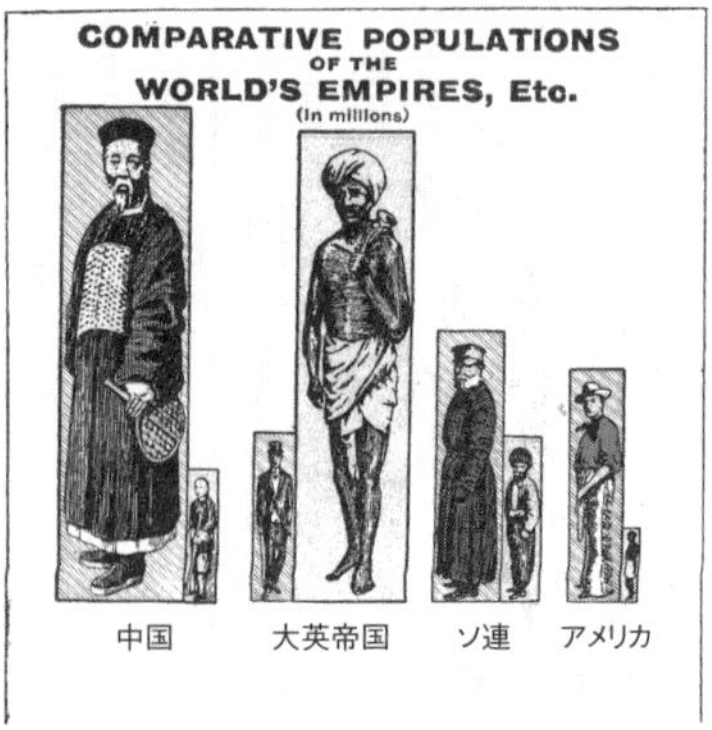

人口比較（左:本国、右:植民地）

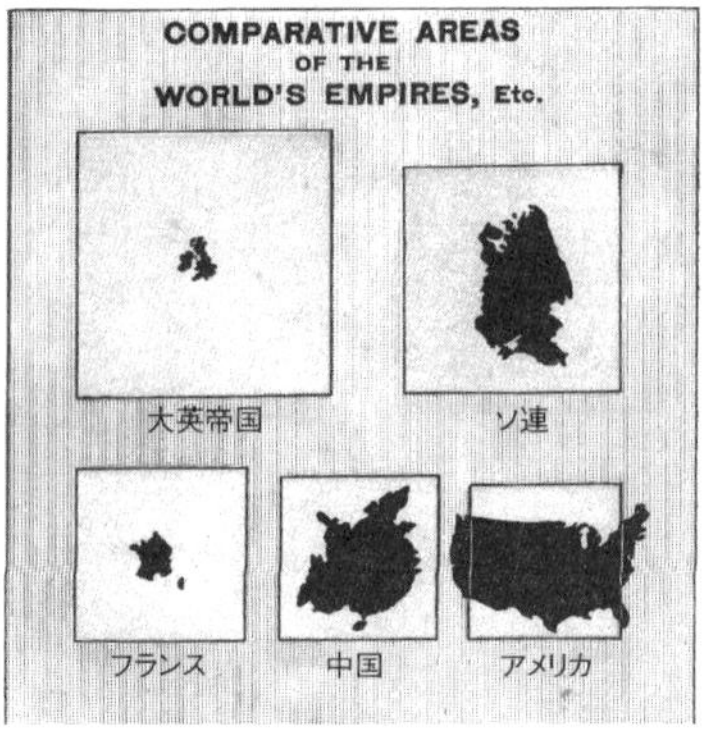

国土比較（外枠:植民地、黒地:本国）

植民地帝国の国力　Philips' Modern World Atlas（1927年頃）

えてきません。グローバルサウスなどからの、過去の植民地支配にまで遡る「偽善」や「二枚舌」、ご都合主義など、西側諸国に対する批判には根深いものがあります。ロシアのプーチン大統領なども、自身の暴挙を棚に上げて、「西側が中世以来、植民地政策を始めた」などと言い立てているようです。

上の図は、百年近く前の世界の植民地帝国の国力を比較したもの（英フィリップス社『世界地図』より）で、露骨な植民地支配下の住民や領土の様子の一端が窺えます。植民地帝国としては、大英帝国が典型的ですが、省略したベルギーやオランダなども似たパターンを示しています。

植民地は解放されましたが、中東、アフリカなどでの紛争が続く背景には植民地帝国時代の名残りもありそうです。

現代において「偽善」、「二枚舌」、ご都合主義などへの批判を封じるためには、大国の反省・自戒と自制が求められるとともに、平穏な世界に向けて、国連や世界各国が知恵を絞る必要がありま す。そこに日本がリーダーシップを発揮できないでしょうか。

世界の中のニッポンです。

平和で平穏な世界の実現に向け、知恵を絞り、世界とともに歩み続けてこそ、日本の縁起直しも出来上がるのではないでしょうか。

第三章

地味で地道な努力が大事

派手なパフォーマンスは時に有意義でも、ひたすらスポットライトを浴びるような目立つことばかりを追いかけていては、縁起直しはできません。

経営学者ドラッカーは「頭の良い者がしばしばあきれるほど成果をあげられない」一方、「あらゆる組織に成果をあげる地道な人たちがいる。寓話の亀のように一歩一歩進み、先に目標に達する」と言います（『経営者の条件』）。

しかし、霞が関の統計から不適切な調査を根絶できない背景に、統計が地味な仕事で、目立った成果を出しにくく、専門家の地位もそれほど高くないことなどがあるようです。

国土交通省の中堅職員は、政策の目標値について「地味だ」と官邸から言われ、何度もやり直しを求められたことがあったそうです（『朝日新聞』「官僚が見た安倍政権」２０２０年9月13日付）。

現役の官僚は霞が関の空気の変わり具合について、「データを積み上げた堅実な目標ではダメで、掲げるなら、より見栄えのするものに。制度を改めるなら、省内で済む範囲にとどめず、法改正にまで踏み込む。官邸の敷いたレールの上を進めば、驚くべきスピードでことが進む」、「スピード重視のあまり『ちゃんと議論されることなく政策が決まることが増えた』と文部科学省の職員は言う。防衛省の幹部は『知らないうちに物事が決まっている感じで空しい』」とも。

しかし、「ちゃんと議論されることなく政策が決まる」側面については、パーキンソンの「凡俗の法則」が言われることも忘れてはならないでしょう。すなわち、「委員会などが一つの議題を審議する時間は、その議題についての支出額に反比例する」というものです（『パーキンソンの法則』）。

＊

地味で地道な努力は目立たないかもしれませんが、何事も、着実に目標に向かって少しずつでも成果を積み重ねることが大切でしょう。

世の中では、ちょっとしたことで風向きの変化に出合うこともありそうです。それを受けて「風見鶏」ならば、ぐるりと逆を向くかもしれません。

政治家などが、時流や「空気」に合わせて姿勢や主張を変えることもあります。かつて「政界の風見鶏」と言われた国会議員もいました。

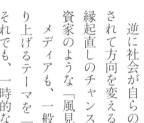

しかし、世の中には地味であっても、一貫して地道な努力を続けないと達成できないような大事なことが少なからずあります。

そのような取り組みが、縁起直しの基礎づくりにもなるはずです。

逆に社会が自らの価値観も忘れて、外部からの影響や風向きに左右されて方向を変える「風見鶏」のようであっては、方向性が定まらず、縁起直しのチャンスをつかみきれないかもしれません。海外からの投資家のような「風見鶏」にも注意すべきでしょう。

メディアも、一般の人々の関心や注目度に合わせて、報道内容や取り上げるテーマを「風見鶏」のように変えたくなるかもしれません。それでも、一時的なムードや話題に振り回されずに、信念をもって報道に地道に取り組むことを忘れないでほしいものです。

できること・できないことの区別を——意気込みだけでは無理

混迷が続いたマイナンバー制度。

トラブル発生の遠因は、できること、できないことの区別が的確にされないまま、仕様が決められ、制度設計されたことにあるかもしれません。

まず、システム化に関わる個人データについての基本的な問題を見ます。

氏名については、いまの戸籍にはフリガナがなく、住民票にもフリガナのない自治体があります。フリガナがなければ、銀行の口座名義人との対応付けも、名寄せによるチェックも難しい。また、ローマ字表記がないので、パスポートの英文表記との照合ができず、外国人の場合も大変です。

住所表記の問題もあります。番地の表記（「1丁目1番地」か「1－1」か等）、建物名の表記の扱い（たとえばマンション名表示の有無）などから、細かい特殊ケースなど、どこまで統一を目指せるのかどうか。

個人の戸籍情報は、相続関係、年金関係、児童扶養手当関係、旅券申請関係などで利用されます。最も利用頻度が多い相続関係の手続きでは、古い戸籍を調べることも多いですが、コード化されず画像データだけで管理されているものもあります。

また、戸籍で管理されている氏名などの漢字には推定百万以上の「外字」（標準の文字コードがない特殊文字）が使われており、自治体ごとに異なる文字コードが割り当てられているようです。システム化のための地道な準備作業は大変な事務負担で、決められた期間にミスなく作業を完全に仕上げるのがどれほど困難なのか、事前に十分理解されていたかどうか。

いまの仕組みでは、氏名・性別・生年月日・住所の4情報を用いて情報連携が行われますが、うまく結び付けられないケースも発生します。エラーが発生した後のドタバタ劇を見ていると、事前に関係者がどこまで問題発生を予見し備えていたのか、疑問も感じます。

＊

「バラバラの業務システムの問題」を指摘する記事があります（『日経クロステック』2024年3月7日付）。

そこには、能登半島地震で被災した人たちのために尽力する自治体職員の奮闘が紹介されていますが、IT（情報技術）の専門家である記事執筆者は「災害大国である日本では、とっくに全国共通の自治体業務システムが運用されているべきではないのか」と悲憤の声を上げます。

記事では、「全国共通の自治体業務システムがあれば……被災時に急増する事務を全国の自治体の職員が一時的に肩代わりできる。平時であっても、山間や離島での事務作業を手分けできる」などと指摘。

このようなことにも対応できるようにするべく、政府主導で、全国1788自治体の3.5万近くの既存システムを、2025年度までに一斉に作り替える巨大な「自治体情報システム標準化」プロジェクトが進行中ですが、果たして無事に着地できるのか——。

現時点で、「171団体が『2025年度までの移行は困難』と表明」と伝える記事があります（『東洋経済オンライン』「1割が白旗、『自治体システム大移動』で広がる混乱」2024年4月1日付）。実態が記事の伝える通りで、今後も改善の見通しが立っていないようならば、関係者以外にはあまり知られていない当プロジェクトの内情は極めて深刻です。

記事および続報（「運用経費『3割減』うたう政府目標に疑問の声も」同日付）を読む限り、これは途方もない事態かもしれず、記事内容を要約して、かなり詳しく見ていきます。

そもそも、自治体に国から義務付けられた「システム標準化」は、自治体ごとに異なっていたシステムの仕様を、全国共通のものに改める取り組みです。これには、個別システムを使う自治体が、標準化によって運営効率化やコスト削減を図る狙いがありました。

また、システムに詳しくない自治体でも、特定のベンダー（業者）に頼り切りにならず、ベンダーを乗り換えやすくなるという利点も言われていました。

今回、住民記録や戸籍情報などに関する20の基幹業務システムを共通仕様で作り直す「システム標準化」の作業は、現時点で、当初の想定以上に難航しているようで、すでに政府は移行が極めて難しい約1割の自治体については期限に遅れることを容認する見込みです。

今後さらに「移行困難」に陥る自治体が増加する可能性も高く、全自治体の半数を占める小規模な町や村では、期限が迫りつつあっても、未だ実態が分かりにくいようです。

システムの移行にかかる費用の見積もりも、甘過ぎるのではないか、と懸念されます。

政府は２０２０年度と２０２１年度の補正予算で計約千八百億円を計上し、２０２３年度の補正予算で約５千億円を積み増し、計約７千億円となりましたが、記事によれば、「システムが大規模で複雑な政令市では必要経費の精査がまだ終わらず、これでも金額が足りなくなる可能性がある」ようです。

そもそも、このような重要で突発的でもないプロジェクトの経費が、記事の通りならば、なぜ当初から本予算で計上されなかったのか。しかも、予算の尻上がりの積み増し方を見ていると、泥縄式に費用が上乗せされているようにも見えます。

本来、このような大規模プロジェクトでは、最初にプロフェッショナル（チーム）が最善を尽くして計画を立てるはずです。できること、できないことをきちんと見極めて、見通せないことがあれば、リスクをしっかり見込んだ上で、見積もりをします。

一般的なシステムに関して多少の「土地勘」もある筆者が見るところ、伝えられる「様子」からは、このプロジェクトには本物の「プロ」が参画しておらず、厳しく言えば、行き当たりばったりにプロジェクトが進められているとしか思えません。

政府は「自治体システムの移行完了後、運用経費を２０１８年度比で少なくとも３割減らす目標」だそうですが、自治体の担当者からは、「現状の試算や、先行自治体の状況を見ても、コストのメリットがまだ見えない。クラウドに接続する回線経費などもかかり、簡単に費用の3割減という効果は出せない」、「われわれの試算では、むしろ現在よりも大幅に費用が高くなり、ランニングコストは3~4倍に膨らむ可能性がある」などの声が上がっているようです。

大手ベンダー関係者は、「今回の移行対象業務システムは20個で、すべての業務システムを移行というわけではない。別々の形で運用するシステムを抱えることになると、一時的に二重業務になってしまうので、逆に効率が悪くなる可能性が高い。10年後はともかく、すぐに3割も運用コストが下がるわけはない」とも。

伝えられる通りならば、とにかく、このプロジェクトの責任者全員が、できること、できないことを分かっていなかったとしか思えません。そして、関係者全員が「長い物に巻かれろ」で、不都合なことからは、目をそらしていたのではないでしょうか。

日本の政府関係者にプロジェクトの「プロ」がいないとすると、他のプロジェクトでも似たような不始末が起きないか、大変気になります。

さらに、ここに到るまで、メディアがプロジェクトの取材に、しっかりと地道に取り組む姿勢がなかったのか、なぜ警鐘を鳴らすような報道がきちんと分かりやすくなされなかったのか、気になります。

これでは、「縁起直し」には相当に性根を据えてかからねばならないでしょう。

＊

北欧にエストニアというＥＵ加盟国があります。電子立国で有名な小国で、マイナンバーと同様の国民ＩＤ番号制度を２０年以上前から成功裏に導入済みです。基盤情報システムには個人情報が登録されていて、ほぼ全ての行政手続きがオンライン対応済。

国民は自分の情報へのアクセス履歴を見て、誰が何の目的で利用したかを手軽に確認できるなど、国民からも信頼される制度になっています（『フォーブス』２０１７年10月31日付）。

エストニアにできて日本ではうまくできないのは何故か。

日本のマイナンバーは、分かりにくく複雑な制度設計だったのが問題だったのではないでしょうか。

実際、他人にマイナンバーを知られても個人情報が悪用されないようなシステムのはずなのに、とにかくマイナンバーは秘匿すべきものとされました。

エストニアやスウェーデンなど制度が機能している国では、ＩＤ番号が秘密扱いはされません。一方、日本では「マイナンバーはマイナンバーカードとは別もの」とされ、マイナンバーカードを使う多くの場合でマイナンバーそのものが使われないようで、不可思議な状態です。

そもそも制度導入の目的は、行政事務の効率化や事務ミス防止、あるいは東日本大震災のような非常時対策でもあったはず。それが、国民にとって便利でない、メリットがない、など筋違いの批判を呼び、この上なく縁起の悪い混迷状態が起きた――。

ものごとは、やることを決める段階で、できること、できないことを見分けることが大切と、あらためて肝に銘じるべきでしょう。

＊

小咄があります。

街頭で広告チラシを通行人に渡そうとする男、両手にあふれる荷物を持つ男性にも執拗に迫ったところ、その男性は、

「ありがとう。いまは両手がふさがっているので、すまないが私の代わりにそれを破り棄ててくれ給え」

＊

「モスキート音」を聞いたことがあるでしょうか。

若者にしか聞こえない非常に高い音で、年長者には全く聞こえません。これは店にたむろする若者を追い払うために開発された商品に由来し、２００６年のイグ・ノーベル賞（ノーベル賞のパロディー）を受賞しました。

子どもにもよく聞こえるのに、およそ30歳以上ならば全く聞こえないことに愕然とするはずです（ネット検索すれば、ご自分でも試せるサイトが分かります）。

世の中には、できるはずなのにできないこともあれば、このようにどうにもならずできないこともあります。

謙虚な姿勢で自信過剰にならずに——人は間違うものです

小咄を一つ。

ピアノを弾いた男が得意そうに

「これでも私はどんな先生にも習わなかったんですよ」

それを聞いた男が

「感心します。責任を他人になすりつけるのは良くないですもんね」

＊

いま世の中では、差別用語などの言葉遣いにはうるさいのに、士業の人びとを無条件に「センセイ」と呼ぶ慣習があります。

学校の教師や医師などはともかく、代議士など政治家は選挙に当選しただけで、「センセイ」と呼ばれる資格があるのでしょうか。

その呼び方には、権力を持つ人間のご機嫌をとって取り入ろうとする側の下心と、呼びかけを当然視する側の驕りが見られないでしょうか。

単に習慣的に用いられる言葉遣いだとしても、常に「センセイ」と呼ばれ続けていると、自然に「自分は偉いのだ」という錯覚に陥るのではないでしょうか。

わが国で、勘違いの若手国会議員が政務官になって「役人を怒鳴りつける癖」を覚え、それに耐えられない官僚が辞めていくような実態があるとすれば、とんでもない話です。

本当に知恵があって人間的にも相応しい人が「センセイ」と呼ばれるのはいいのですが、この際、メディアなどが一致団結し言葉遣いを改めることを主導して、世間の風潮を少しでも変えられれば、地に足の着いた政治改革への「小さな一歩」になるかもしれません。

米国のジャーナリストは、政権が傲慢のワナ（自分たちが間違えるわけはない、という）に陥るリスクを鋭くチェックしていました。

『ベスト&ブライテスト』を上梓したデビッド・ハルバースタムはケネディ政権のベトナム戦争という愚挙を、ワシントン・ポストのボブ・ウッドワードは『政治の代償』の出版でオバマ政権の「傲慢」を指摘など——。

政治家が選挙で勝利したとしても、投票率が高くなければ、選挙の得票率だけから「選ばれた者」と過度に自負するのは問題でしょう。

当選しても、必ずしも有権者が選挙の争点すべてを支持しているとは考えずに、謙虚さを保つべきです。もちろん、プライドを持つことは大事なことですが、「選挙の洗礼を受けた」ことを錦の御旗のように言い立てるのは、いかがなものでしょうか。

仮に、「政治主導」を唱える政治家に対して官僚が反対の立場を取るならば、政治家は堂々と議論して説得すればよいはずです。「官僚支配」が目障りで気に入らなければ、なおさら議論から逃げるべきではないでしょう。

＊

「ハーバード白熱教室」で有名なマイケル・サンデル米ハーバード大教授は、その著書『実力も運のうち』で、努力と才能次第で成功できるという考え方が暴走し、エリートに傲慢さを生んだと指摘します。

「能力主義の勝者は、たまたま学べる環境にいた幸運を忘れ、『努力が足りない』と敗者への謙虚さを失いがちだ」と。さらに「社会の成功者が自分の今はすべて自分の努力によるものだと考え、謙虚さをなくすと、自分より成功していない人を見下している可能性がある」とも。

コロナ禍で、給与の高さや社会的な地位に関係なく、社会を支えて働く人たちの仕事が重要であることに、世の中は改めて気付かされました。

サンデル教授は「謙虚さを忘れず、私たちは共同体として互いに支え合っていることを認識してほしい」と言い、「私たちが目指すべきは、それぞれの教育水準や収入にかかわらず、誰もが互いに尊敬できる社会です。社会に貢献している証しが、収入ではなく、家族を養うことや、社会、コミュニティに貢献していることなどで測られるのが望ましい状態」と主張します。

ノーベル経済学賞を受賞したリチャード・セイラー米シカゴ大学教授も、「人が意思決定を間違えないようにするには、自信過剰を取り除くことが大事」と言います（『実践 行動経済学』）。「自信過剰から来るバイアスで、異なる意見に耳を貸そうとせず、政治家や経営者は失敗してきた」と。

金融危機後に、ニューヨーク大学のノリエル・ルービニ教授は「傲慢や倫理観の欠如は常に金融市場に蔓延」と指摘。「ビジネススクールでいくら倫理や道徳を教えても、強欲で傲慢な行動の抑制にはつながらない。金融危機をもたらす『強欲は美徳』という意識は規制強化だけでも抑えられない」とも（『日経ビジネス』コラム2010年9月29日付）。

短期的成果ばかりを追求させる報酬制度、金融市場で取引の両サイドに身を置く金融機関の利益相反などのモラルハザード（倫理の欠如）問題は根深く、形を変えた金融危機の再来が、いつなんどき起こるか分かりません。

東京が国際金融都市を目指すならば、危機を呼び込むようなリスクには十分に気を配るべきでしょう。

＊

ところで、伊藤忠商事の岡藤正広会長はインタビュー記事で、「謙虚さや律義さは大事だ」が、「過度に謙虚な姿勢は弱腰とみられる。相手は謙虚な人とは判断しないため、国際競争力では不利になる。謙虚さは強さと自信に裏打ちされたものでないといけない」と指摘します（『日経新聞』「『謙虚は美徳』もう古い」2024年2月10日付）。

スイスの国際経営開発研究所（ＩＭＤ）による2023年の世界競争力ランキングで、日本が35位で過去最低になったことについては、同調査が「客観的な統計データによる評価と、企業経営者へのアンケート評価の組み合わせ」なので、「経営者の主観で答えるアンケートで自国に対する評価の低いことが、ランキングの足を引っ張った」と見ます。

さらに、「これは経営者を含む日本人が非常に謙虚で、自己評価に厳しいということの表れである。違う視点で見るとそれだけ自信を失っている。世界の国で日本人のように控えめに謙虚に自分を評価する国がいくつあるか。自己肯定的な国は山ほどある。そういう国は自己主張しないと遅れていくので必死だ」、「日本は島国で長く鎖国時代があった。攻められるリスクがないため、自分を大きく見せる必要はない。中国や韓国は攻められた歴史があり、常に強い姿勢で臨んでおり、迫力がある。ビジネスの交渉現場でも威圧感は大事だ。日本人は謙虚さを捨てる必要がある」との指摘には説得力があります。

ここで重要なことは、岡藤会長の指摘が、国際間で対等であるべき立場同士での交渉や活動についてであることです。国際間の交渉事はお互いに国を背負っている面もあり、別段の弱みもなく対等のはずならば、へりくだる必要はないということでしょう。

＊

いまは、昔の人気テレビ番組『名犬ラッシー』を知らない人が多いかもしれませんが、ストーリーの組み立ては興味深いものでした。

ラッシーを飼う少年の母親は常に父親より賢く見え、少年は母親より賢そうです。しかし名犬ラッシーはさらにその上を行くようでした。

あえて教訓めいたことを言うならば、大人の権威も経験も大したことない、と謙虚に認めよ、ということでしょうか。

いままでの成功体験が、いまは通用しないのに気付かないこともありがちです。

「アンラーニング（有効でなくなった知識を捨て、新しい知識を取り込む）」を考えて、試みる謙虚さも必要でしょう。

＊

人は必ず間違うし、その間違いにすぐには気付かない場合も多くあります。それは、集団や組織体、国レベルでも同じということが、謙虚さが求められる一つの背景です。

そして、謙虚さを身に着けるのに役立つのは、さまざまな経験でしょう。

気付かれていないかもしれませんが、プログラミング教育を通してでも、謙虚さを身に着けられるのではないでしょうか。

プログラミング教育というと、論理的な思考能力の育成などが従来から言われています。しかし、実際にプログラムを組んでみると、いかに人間は間違いやすいか、見落としをしやすいかなどを体感できるはずです。

ちなみに、会話型ＡＩのチャットＧＰＴに「プログラミングを間違えやすい具体的な例」を問いかければ、即座に、不注意によるミス、不完全な処理、専門的なエラーケースなどを山ほど示してくれます。ミスに気付きにくい場合などについても、問いかければ、いくらでも列挙してくれます。

自分は「絶対に間違わない」と言い切る人でも、絶対にプログラミングのミスから逃れられないはずで、自信たっぷりの政治家などにも実際にプログラミングを試してもらいたいくらいです。謙虚さを身に付けることも、プログラミング教育の付随的な効能と考えてもいいのではないでしょうか。

＊

縁起直しには、どう取り組めばよさそうでしょうか。

何となくうまく行くだろうと自信を持ちすぎると状況は進展せず、謙虚な姿勢で進むならば、縁起直しのチャンスも見出せるのではないでしょうか。

「謙虚になれ」と言い立てる態度は謙虚ではなく、「人のことを『傲慢だ』と決めつける人自身、傲慢だ」という言い方も傲慢――。

余裕をなくさずに――不正の温床にも

近年は日本の製造業や建設業などで、首をかしげるようなトラブルが続発しているように感じます。

「まるで不正のデパート」と専門家が驚くような自動車メーカーの問題が、２０２３年に明るみに出ました。最初に内部告発で不正が明らかになった後から、ありとあらゆる領域の試験の不正を行っていたことが判明したケース。それとは別に、複数のメーカーで排ガスや燃費性能にかかわる不正なども判明しています。

２０２３年12月の『日経新聞』、『朝日新聞』や『日経クロステック』などの一連の報道によれば、いずれも「『できない』と言えない雰囲気」の中、上意下達で無理を押しつけられ、現場が追い詰められる実態があったようです。

他業界で判明した品質不正問題でも、受注成功と納期厳守を最優先にされ、コスト面や時間的なプレッシャーで現場が追い込まれたのは同じ構図でしょう。

また、２０２０年から世界でリコールが繰り返されている欠陥燃料ポンプ搭載車問題については、設計上や品質管理上の問題が指摘されているようです。

先に記した「自治体情報システム標準化」プロジェクトでも、分野や業界は違っても、一部で似たような実態があったのかもしれません。

２０２３年は、大手ゼネコンでの品質問題が相次いで発覚しました。現場で品質管理担当の技術者が工期の遅れを懸念して虚偽の数値を報告していたケース。建築のプロから見ると考えられないミスが発覚し、高層ビルの竣工が遅れたケース。建築中の高層ビル施工不良で解体し建て直すケース。これらに共通する要因として、人手不足、工期管理の厳格化、施主からの品質要求の高さなどが言われますが、ゼネコン側が無理な受注に走り、余裕のないプロジェクトになったようです。

地鎮祭でのお祓いの効力も及ばないような「縁起の悪さ」を呼び込んだのか——。

これらは一社だけの問題ではなく、また特定の業界に限った問題とも言えません。

確かに個別のケースごとに直接の技術的な原因は特定できるでしょうが、各ケースの問題に共通する背景には、余裕のない業績の目標・評価を硬直的に絶対視する組織風土がありそうです。ビジネス目標を達成するため、コスト削減やコスト制約下でのスピードアップなどが現場への大きなプレッシャーになっていたのではないでしょうか。

かつてチャップリンは喜劇映画『モダン・タイムス』で、資本主義社会や機械文明を題材に取り上げました。主人公が歯車に巻き込まれる場面などは、労働者が単なる歯車として扱われ、機械の一部と化してしまうことを風刺していました。

歯車は互いにかみ合って動きます。社会でも、さまざまな人々やグループが連携し協力し合って、社会のメカニズムが円滑に動きます。

一般に、歯車をかみ合わせスムーズに回転させるには、歯と歯の間に遊び（＝余裕）が必要です。ただし、遊びがあり過ぎると歯と歯のかみ合いが悪くなり、歯車が壊れやすくなるため、ただ遊びがあれば良いわけではありません。

これは「組織の歯車」においても同じでしょう。

人が単にプロセスの歯車になるだけでは、いままでのプロセスや慣習が踏襲され、外部環境の変化にも柔軟に適応できず、組織が進化し成長する制約にもなりかねません。

歯車の譬えから視座を高めると、世の中において人びとが余裕を持って動けているかどうか、世の中が余裕のある状態と言えるかどうか、が気になります。

世の中が余裕のある状態であれば、縁起の良さにもつながりそうです。

縁起直しでの重要なポイントかもしれません。

＊

日本のように地震など自然災害に多く見舞われる国では、さまざまな面で衝撃を和らげるバッファーとして「余裕」が必要と考えるべきでしょう。

国が大きな借金を抱えていると、たとえば、不意の首都直下地震にどう対応できるのか。必要に応じて国債を発行すればいい、などと思っているならば、甘すぎるのではないでしょうか。誰がお金を貸してくれるのか、復興計画などに制約が生じないか、プレミアム金利を余儀なくされないか、どう返済計画を立てられるか、など難しい問題があって、縁起の悪さを呼び込むことになるかもしれません。

自然災害以外でも、地政学リスクがもたらす有事への備えが十分か、など目先のことを超えた議論も必要なはずです。

社会の「ゆとり」には常にコストがかかりますが、社会に安定感をもたらすのは、余裕ある「ゆとり」でしょう。ただし、「ゆとり」の価値はGDP統計には反映されません。

かつて、著名な数学者の森毅・京都大学名誉教授は、文部省（当時）の「無駄を省いてゆとりのある教育を」という方針に対して、「ムリやムダができるところにユトリがある」との名言を残しました。

脚本家の山田太一はインタビューに答える中で、インターネットの進化などが「人間の感受性を深いところで変えつつある。チャンバラみたいなコミュニケーションでは、思考も浅薄で単純になっていくのでは」、「せめて、時間をかけて物事を考える余裕を持ちたい。すぐに判断したことで正しいことは少ない。人間には人間の生きていく速度がある。メールの返信だって24時間待ちませんか」と（『日経新聞』２０１６年8月13日付）。

＊

人はユーモアを通じて余裕を持つことができるし、余裕があるからこそユーモアが生まれやすいのではないでしょうか。

いまの日本のリーダー達はどれほど「余裕」を持っているのか、疑問を感じることがあります。というのも、総理大臣や経団連会長、大企業のトップやインテリ層など、あまりユーモアのセンスがあるように見えません。

常にストレスやプレッシャーを感じていて、それに対処する柔軟性や余裕を失っていないかどうか。

ただし、一般に日本社会では「真面目さ」が重要視される傾向があります。政治の世界でも、政治家の行動や発言は慎重であるべきだとされていて、たまにユーモアを持ち込んでも、不真面目に受け取られがちです。

そもそも現代日本の政治家などがユーモアを巧みに使えないのは、ユーモアのセンスがないのか、ただ磨かれていないだけでしょうか――。

大事なのは、ゆとりを持って、時にはユーモアを交えられるほどに、世の中の空気の動きにも柔軟に対応できるような余裕を持つことでしょう。

それでこそ、縁起の良さも呼び込めるのではないでしょうか。

タブーを乗り越える――事なかれ主義を打破する勇気を

日本は同調圧力が強い国と言われます。

同調圧力が強い社会では、人は他者と同じような行動パターンや価値観を持とうとして、それが新たなタブーを形成することにもなります。逆に、特定の言動がタブーとされていれば、人は同調圧力でそれを避けることにもなります。

ものごとを過度にタブー視したり、「縁起かつぎ」などが過度になったりすると、世の中が硬直的になるような悪影響があるでしょう。

ただし、世の中ではタブーと見なされたことが社会の変化などで変わることもあります。たとえば、戦後に人口過剰対策や出生抑制政策が議論され、出産奨励はタブー視された時期がありましたが、いまは少子化や人口減少が問題視されて、タブー視はなくなっています。

いまもテレビやネットでは「場の空気」を読むことが重視されているように見えます。

主流の意見には逆らいにくく、そこには一種のタブーがあるかのようです。「場の空気」がはっきりしていなくとも、人々はタブーを気にして、世の中に波風を立てないようにして安住していたいように見えます。

タブーは、「長い物には巻かれろ」や事なかれ主義、価値観多様化の抑制、新しい価値観の阻害などにつながりそうです。

日本の縁起直しには、タブーを乗り越えることも大事ではないでしょうか。

＊

新型コロナウイルスの感染拡大で重症患者が増え続けた時期には、一部の医療現場で、人工呼吸器などの重要な医療機器は誰を優先させるか、の判断を迫られかねない状況になりました。それまで避けられていたような、患者の重症度によって治療の優先度を決定するトリアージの議論が必要になると、人の命にもかかわる判断を迫られ、タブーに向き合うことにもなります。

今回、「医療崩壊」の声も上がったものの、国全体では何とか極限状況までは至らずに済んだのは、運がよかっただけかもしれません。今後のために、平時からタブーを乗り越えるための備えが必要です。そのためには、まず非常事態に対する議論などをタブー視しないことが求められそうです。

英国では、国立医療技術評価機構（ＮＩＣＥ）が様々な疾患に対する診療ガイドラインの作成に当たっており、医療の費用対効果の分析などもタブー視せずに取り組んでいるようです（『日経メディカル』２０１６年7月15日付）。

今回のコロナ禍でもＮＩＣＥは、集中治療が必要な患者の緊急トリアージについて、病院に対するガイダンスができる態勢を整えていました（『ニューズウィーク』２０２1年1月11日付）。

それは「治療の効果を期待でき、生存の可能性が最も高い患者を優先するための緊急措置」でしたが、日本でも今後に備えて、きちんとした議論をする仕組みが必要でしょう。

タブーを避けているだけでは済まない事態も考えねばなりません。

日本の教育現場では、政治のタブー化が浸透しているようです。

教育基本法では、「良識ある公民たるに必要な政治的教養は、教育上これを尊重しなければならない」としつつ、「法律に定める学校は、特定の政党を支持し、又はこれに反対する政治教育その他政治的活動をしてはならない」とあるため、現場の教員は常に、「政治的中立性」を考えなければならず、政治的な問題には触れたがらないようです。

しかし、東京大学の阿古智子教授は、「大学など教育現場における行き過ぎた政治のタブー化が青少年の思考力を低下させていることを痛感」すると言います（『現代オンライン』２０１９年8

月20日付）。

「人間は誰一人として立ち位置が同じであることはない。人は皆それぞれ異なる位置にいて感じ、考えた結果得られた見方を表現するのだから、人間が完全に中立で居られるはずなどない」、「日本は表面上、平和で自由に見えるが、実態はどうなのか」と。

日本がより良い方向に向かうためには、タブーに縛られずに事なかれ主義から脱し、タブーを乗り越えて、自由に考えることが大事なはずです。

米国の著名な起業家・投資家で資産家でもあるピーター・ティールは、独特の考え方で自由な言動をする人物で、政治面では、「民主党はワル、共和党はバカ」のような発言も。その妥当性はともかく、日本でこれほど自由に発言をする資産家、有力者は見当たらず、日米のバイタリティーの差を感じます。

＊

人は必ず間違いを犯します。どれほど優秀な人であっても、ちょっとしたことや運次第でミスや誤りから免れることはできないでしょう。プロスポーツ選手でもエラーをやらかします。プロの将棋指しや碁打ちでもポカをして、思わず天を仰ぐ仕草を見せたりします。

人が集まる組織でも、さまざまな誤るリスクはあります。

しかし、間違いを恐れていてはイノベーション（技術革新）を起こせず、時にはリスクを取って「タブー」を破ることも必要でしょう。

政官界にもタブーは厳然と存在していそうです。

官僚の「無謬性神話」は崩れたとも言われるようですが、未だ霞が関などの官僚は失敗や誤りを認めない「無謬主義」から脱却できていないのかもしれません。

過日、『日経新聞』は「霞が関は『無謬主義』から脱却できるか」と題する社説を掲載しました（2022年2月21日付）。

そこでは、完璧をめざして誤りを正そうとしない傾向、安易な前例踏襲などが指摘され、「いったん決まった政策は、状況が変わってもなかなか修正されない。データを使って政策効果を検証し、目的に合うよう臨機応変に政策を見直していくことはできないか。こんな問題意識から霞が関の政策立案過程を見直そう」という動きを紹介していました。

「無謬主義」があるとすれば、弱い立場の者には、「霞が関の批判」はタブーになるはずで、たとえば、許認可を受ける事業者などは、長い物には巻かれよ、とならざるを得ないかもしれません。

また、政府・日銀が本来は「禁じ手」であるはずの財政ファイナンスを事実上行って、中央銀行としてのタブーに踏み込んでいても、その批判はタブー視されているようでした。

役所にとってのタブーも、さまざまなものがありそうです。

よく知られているものには、厚労省の診療報酬体系の問題があります。いま医療財政の抜本的な改革が求められるにもかかわらず、政治力を持つ医師会を意識して、診療報酬の論拠と妥当性に立ち入ることさえタブーを侵すことになるのかもしれません。

自動運転車についても、暗黙のタブーがありそうです。

そもそも自動運転車が起こす事故は「あってはならないこと」で、「事故を起こす可能性がある」という前提で自動運転車を造ることは、タブーなのかもしれません。

仮に自動運転車が実用化された場合でも、それが起こす死亡事故をゼロにすることはできないはずです。それでも自動運転システムに運転を任せる「レベル3」の実用化に向けた法整備は完了し、レベル3の自動運転が解禁になっています。

自動運転中の事故の刑事・民事責任は個別に判断されるようで、自動車保険も従来の枠組みで保険金が支払われるようです。人間の関与なく走行する「レベル4」の公道を使った実証実験は、既に始まっているようですが、「暗黙のタブー」は乗り越えられるのでしょうか。

暗黙のタブーはメディア業界で際立っているようです。

ジャーナリストの田原総一朗がインタビュー記事で問題点を鋭く指摘しています（『東洋経済オンライン』「メディアに中立なんていらない」2018年10月17日付）。

テレビについては、「今は視聴者からのクレームがネットでテレビ局やスポンサーに来るため、制作側もなるべくクレームがこない無難な番組をつくろうとする」、さらに「政治に関する番組は視聴率が取れないし、テレビ局は権力からにらまれたくない」と。

新聞社については、「あたりさわりのない記事ばかりで、新聞社のカラー以外の記事を書けない。日本の新聞社には言論の自由はない」とまで言います。

確かに、暗黙のタブーを意識するマスメディアなどから正当な批判を受けないまま日本の政治が劣化してきた現状では、マスメディアが政府・自民党と癒着しているようにさえ見えます。

メディアが腫れ物にさわるような扱いの「中立・不偏」については、興味深い指摘も。

インタビュー記事では、「学生運動の取材で、カメラはどちらから撮るか。全共闘の後ろから撮れば、機動隊が厳重な装備で権力の暴力装置に見える。機動隊の後ろから撮ると、学生が覆面でゲバ棒をもって、石を投げてくる過激な暴力主義に見える。メディアが中立に立つというのは、どこに立つことを言うのか」と。

記事の締めくくりで、三十年以上続く番組『朝まで生テレビ』では「毎回タブーに挑んでいる」と自負していますが、メディアなどのバックアップなしで、日本のタブーをどこまで切り崩せるのか、素朴な疑問は残ります。

しっかりと根を張るタブーを一朝一夕にはなくせないでしょうが、このままでいいとも思えません。

政治全般について考えると、新浪剛史・経済同友会代表幹事が指摘するように、「国政の中に新たなガバナンスが必要」かもしれません。

起きてはならないことでもタブー扱いせず、備えておかねばなりません。

たとえば、内閣で「殿ご乱心」となったとき、どうするか、どうすればよいか、などはきちんと考えられているでしょうか。

＊

少し脱線かもしれませんが、元号の扱いは再考の余地があるのではないでしょうか。具体的には、和暦の使用は文化の面に限るのが望ましいのではないでしょうか。

いまは「令和」の時代ですが、振り返ると「平成」の時代はあまり縁起が良くなかったようにも感じます。社会の出来事、経済動向などと元号が結びつくと、芳しくないことが多ければ、下手をすると元号がマイナスの印象になるかもしれません。

そこで、使用を文化的なことだけに限っていれば、世俗的なゴタゴタがあっても、それとは無縁に元号のイメージを保てるはずです。

そうすれば付随的に、官公庁や企業は日付を西暦で処理でき、内外の業務処理などにも効果が見込めそうですが、どうでしょうか。

新しいモノサシを――世の中をうまく回すために

国や企業など、さまざまな組織がうまく運営されているか、世の中全体がうまく回っているか、といった問題に向き合うためには、適切なモノサシが必要でしょう。

いま世の中でよく使われるモノサシとしては、金銭評価のできる経済価値が一番でしょう。企業の業績は、売上や利益のように経済価値そのもの、それを指数化したものなどで測られます。国のパフォーマンスはＧＤＰや国富、それらを指数化したもので示されます。個人でも、所得や資産が評価され、ビジネスの世界では人びとを「富裕層」や「マス層」などとラベル付けし、世界の長者番付があったりもします。

しかし、企業において、コストセンター（コストの増減だけが会計上の数字に表れるような管理担当などの間接部門や研究部門など）の業務が経済価値で評価されるならば、見方が「コスト削減」中心になりがちで、さまざまな問題が生じる可能性もあります。

たとえば、業務が雑になり、業務の品質も軽く扱われたり、働き手のモラールが低下したり、購買先への過度の買いたたきが起きたり、などの問題が生じないように配慮が必要でしょう。

最近の製造業や建設業でのトラブル続発の背景には、間接部門の業務に対する評価（モノサシ）が不適切なこともあったのではないでしょうか。

企業にとっては、短期的な利益と長期的に見込まれる利益のバランス取り、ビジネス上のさまざまなトレードオフのマネージなど、多面的な目配りをカバーするモノサシの導入も今後の研究課題ではないでしょうか。

＊

いまは何でもお金に換算することが万能視されているようにも見えますが、たとえば、環境面、健康面、幸福度など、カネでは測りきれないものも多くあります。

それぞれを測るとすれば、価値観の見直しと併せて、斬新なモノサシも求められそうです。いままで資源やエネルギーを投入して経済を成長させてきた過程では、地球次元の環境はあまり考慮されませんでした。しかし、大気や「水」の問題など、経済成長の裏側で積み上がってきた「負債のようなもの」は金額換算になじみにくそうです。

企業では、従業員の健康管理や健康増進の取り組みを「投資」と捉えるような健康経営も言われています。また、健康改善を促して保険加入者がより健康になることを支援するような保険商品もあります。

これらの取組みの価値は、社会全体の健康増進への寄与で間接的に評価できるかもしれませんが、直接には金額換算しきれないように思われます。

人々の生活面では、「その人が今の生活状態にどれくらい満足しているのか」を示す「効用」という視点も考えられますが、その効用は個人間で比較できるのか、人によって価値基準が違うのではないか、のような問題もあります。

ノーベル賞を受賞した心理学者のダニエル・カーネマンは、「幸福は測ることができ、説明することが可能だ」と主張していたようですが、それでも、何が確実に幸福度を増すのかなどについては、明確ではありません。そもそも、幸福感などは主観的なもので、客観的な指標になるのか、という疑問があります。

以前に、ブータン王国のＧＮＨ（国民総幸福）という指標（国民の調査結果を数値化したもの）

が話題になりました。

しかし、調査の仕方に難しい点もあり、国の幸福度を主観的幸福感でみることができるか、疑問は残ります。

そもそも「幸福度指標は無駄」という指摘があります。西水美恵子・元世界銀行副総裁はインタビューで、「幸福は人それぞれで、そもそも幸せは測れないもの」と言い、「ブータンの『国民総幸福』は指標ではなく、同国の『経済成長は幸福を実現するための手段』という政治哲学」と（『日経新聞』2010年6月21日付）。

社会の変革を促し、タブーを乗り越えて、前例踏襲や事なかれ主義などを排するダイナミズムを評価できるような新たなモノサシを構成できないか——。

あるいは、デジタル化が進んだ世の中で、データなど「形のないもの」の価値をどう測ることができるか。さらに広く、イノベーションがもたらす豊かさを測れるようなモノサシも作れないでしょうか。

＊

新たなモノサシは、必ずしも一つである必要はないでしょう。

モノサシは価値観に対応して、つくることができそうです。そこで、価値観が多様であれば、モノサシも多様になるでしょう。

個人レベルのモノサシ候補ならば、芸術的才能、スポーツ技能、対人関係スキルなど、色々考えられても、そのままでモノサシとして使い物になるかどうか。

国や企業などのモノサシは、さまざまなトレードオフをマネージできるレベルを測ればいいのかもしれません。

用途限定であれば、色々なアイデアも試せると思います。たとえば――

・女性バランス度＝女性が活躍できるはずの分野での男女比率を評価
・若年寄度＝たとえば50代以下の世代の活力に欠け、老け込んだ言動を評価
　（メールなどでの用語選択や言い回しなどをスコア化）

……

新たなモノサシをうまくつくれれば、縁起直しの可視化にも使えるかもしれません。

第四章

バランスのとれた社会を目指そう

問題児かもしれませんが、けた外れの起業家イーロン・マスクは言います。

「アイデアを実行することはアイデアを思い付くより難しい」

「縁起直し」は実行されてこそ、縁起直しです。

それには神頼みという訳にはいきません。

縁起直しのためには、さまざまな人々が連携し、それぞれの力を結集することも欠かせないでしょう。

世の中にはさまざまな価値観を持つ人々がいて、それぞれの立場があり、さまざまな利害関係もあり、それらがトレードオフの関係にあるとしても、何とか折り合いをつけていかねばなりません。それぞれのゴールがトレードオフ関係にあれば、それらのバランスをとってマネージする必要があるでしょう。

また、世の中は常に移り変わっていくもので、うまくタイムリーに物ごとのバランスがとられていけば、縁起直しも定着させられそうです。

縁起直しの取り組みでは、さまざまなバランスのとり方について、いくつかの視点が考えられます。

カネとカネ以外のバランスを――お金で買えないものも

カネで買えるものは何か――。

2001年の『ニューヨーク・タイムズ』（1月3日付）に紹介された中国企業の場合です。その会社のモットーは「あなたに代わって『ごめんなさい』を言う」こと。

その謝罪請負会社の創業者いわく「もちろん、自分で謝った方が誠意はあるのですが、中国ではそれが難しい」と。中国人にとって、謝罪は面子を大きく失うことのようです。

会社の顧客は、恋人や家族、仕事上の揉め事に巻き込まれていて、同社が代わりに手紙を書き、贈り物を届け、説明をします（何回もやり取りが繰り返されることも）。

謝罪の言葉を伝える20人のスタッフは全員、大卒で地味なスーツ姿の中年の男女。彼らは弁護士、ソーシャルワーカー、教師などで、「優れた言語能力」と豊かな人生経験を持ち、カウンセリングのトレーニングも受けています。

料金は1回あたり2.5ドルで、その他のサービスも提供しており、創業者は、収益性の高い事業になることを望んでいる、と言いますが、これは、すでに成功している同業者もいるビジネスのようです（その後の当社の様子は不明）。

「面子」の対価は高いのか、安いのか。面子以外にカネで買えそうなものは――。

＊

いまは、何でもカネ、理屈抜きでカネ、のような風潮も感じられます。

世の中のバランスが「カネ」に傾き過ぎていないでしょうか。

相変わらず「政治とカネ」の問題が繰り返されていますが、これは古代ギリシャの時代にまでさかのぼる問題、と野口雅弘・成蹊大教授は指摘します（『朝日新聞』２０２４年1月12日付）。

資金力のある人たちが発言力を強めるため権力に近づき、権力を握る者にどんどんカネが集まる仕組みは世界共通のようです。

また、政治とカネを切り離すと、政治のために無給で働ける人だけしか政治家になれなくなるかもしれません。

野口教授は、「政治とカネの問題について、どこまでだったら許せるのか、どこからはアウトなのかを見極めることが大事」と言います。しかし、「いまの日本では政治家にビジョンが無くなり、その見極めが非常に難しくなっている」とも。

政治家のカネや利益誘導の問題などについて、かつてジャーナリストの二木啓孝が、初めて小選挙区制になった選挙を取材していました（『文藝春秋』１９９６年11月号）。

「選挙区が狭くなればカネはかからないなんて、単純な話ではない。きめ細かい選挙戦のため、運動費・交通費もバカにならない」、「補助金などや、いかに公共事業をとってくるかが演説のポイントになって、完全な利益誘導の選挙に」、「選挙区の規模が小さくなったため、外交などは二の次で、県議のボスと相談して、公約はいかに彼らが希望するものにするかということに。政治家が首長や地域ボスの御用聞きみたいになり、国政を論じて戦うことにはなりません」と、候補者の弁が紹介されていました。

さまざまな報道や解説記事などを見る限り、いまも当時と大差なさそうに感じます。

そもそも、政治にカネがかかるとしても、実際にどれほどのカネが必要なのか。そして、そのカネはどのように使われているのか。これらについて、政治家自身の選挙がある時とない時に分け、その財務管理の実態と併せて開示されるべきでしょう。

さらに、政治家が主張するほどに、果たしてカネを使うことが政治活動に必要で有効なのかどうか、についても、有権者に対して大規模な調査をしっかりと行うべきです。

候補者名を連呼する選挙カーを走らせることや、選挙区での付き合いや饗応、候補者のパンフレットや郵便物など、カネのかかる活動が、どこまで必要不可欠と言えるのか、カネ以外のファクターは、どうなっているのか、カネに代わる他の手立てはないのか、等々。

このような大規模調査には、衆知を集め、国が十分なコストをかけて行う価値があります。

先は遠いかもしれませんが、前の章に記したような広く議論を交わす場で、まずは「政治改革」を唱える政治家の面々、一家言ある有識者やマスコミのメンバーに徹底的に現状を総括し、さまざまな角度からオープンに議論し合ってもらうことも大事ではないでしょうか。

＊

政府は何かにつけて、カネのバラマキに走りがちですが、カネ以外の面とのバランスも考えて知恵を絞り出すべきでしょう。

清滝信宏プリンストン大学教授は、あるべき経済政策を一通り解説した後に、現実の経済政策は短期的な利益を追求しがちで、望ましい政策とは異なる、として「補助金・金融緩和頼みから脱却を」と訴えます（『日経新聞』2024年3月4日付）。

ベンチャー育成と言っても、「自分でリスクをとるからベンチャーであり、補助金に頼るようではベンチャー企業とはいえない」とも。

同じカネを使うにしても、米国ではバイオ企業に「資金援助」をしていたおかげで、新型コロナウイルスのワクチンをスピーディーに開発できて大量生産が可能になりました。それまでに失敗もあったかもしれませんが、このワクチンに関しては、関係者の知恵を活用した結果が生かされたようです。

もう何年も政府・与党のバラマキ政策は批判され続けています。しかし、一向に改まる様子もなく、野党まで積極的な財政出動などを主張し「バラマキ合戦」に参加する始末です。

2021年に財務省の矢野康治事務次官が「このままでは国家財政は破綻する」という論文を『文藝春秋』11月号に寄稿したところ、『毎日新聞』（11月27日付）によれば「矢野論文は自民党内の積極財政派を刺激し、かえって財政拡大圧力を生む結果となった」ようです。

同紙によれば、霞が関には政府・与党の空気を変えようという動きはなかった、とも。

「書いてあることは事実だ。百％賛成する」と記者会見で述べた経済同友会の桜田謙悟代表幹事（当時）のように財政状況を懸念する人々もいましたが、影響力はなかったようです。

バラマキについては、ゼロ金利下では、政治家が財政支出に規律を持つわけがない、と言われます。「財源がない」と言っても、「国債を出せばいい」と迫られるだけのようです。とにかく実質的に「ゼロ金利」から脱却すれば、曲がりなりにも規律が働く、ということで、これ以上の安易なバラマキを防ぐためにも、多くの困難やトレードオフがあるとしても、日銀は一刻も早く本格的な金利の正常化に動いてほしいものです。

＊

一方で、カネで買えないものは何か――。

直接的には買えないものとして、社会的な地位、安定した家族関係や人間関係、家族や友人と過ごす時間、日々の満足感などがあり、これらは幸福感とも関わるようです。

米国のアーミッシュは、新しい文明の利器などを拒み、近代以前の生活様式を守っているキリスト教徒の一派で、その暮らしの満足度は高いと言われています。そこには、人びとの絆の強さや信仰の深さなどが寄与していそうですが、それらもお金では買えないものです。

ところで、日本でも人気の「人生ゲーム」は子供だけでなく家族で楽しまれています。

もともとは、人生になぞらえたイベントをこなしながら、お金や資産を集め、最終的に億万長者を目指す双六形式のゲームです。

それが、「大金持ちになるかどうか」ではなく、人生の様々な達成感をポイントに変換して勝敗を決めるタイプのものが米国で発売されたことがあります。

ゲームの参加者は、「生きる＝冒険」「愛する＝家族」「学ぶ＝大学」「稼ぐ＝キャリア」の四つのコースに分かれてゲームを始め、人生ポイントの多さを競うことに。

発売元では、成功が必ずしもお金では測れないという価値観の多様化も考慮したもの、と（ゲームとして人気が出たかどうかは不明です）。

＊

人は、大枚はたいてアミューズメント施設などで楽しむだけでなく、カネを大して使わずに楽しむことも色々できるはずです。

カネを使わないとできないことも多いでしょうが、カネには関係なく、日常の何気ないことなどが満足感を生んで笑顔になれることも多いはずです。

お金は大事ですが、お金で買えないものも大切です。

人それぞれに価値観は違っていて当然です。人は人、自分は自分です。

社会全体でも多様な価値観をもつ人びとが広く存在してこそ、社会の活力を維持し増進できるのではないでしょうか。

そのためにも、金額換算できないことの価値もしっかり認めて、社会全体でカネとカネ以外のバランス感覚を養えるように、メディアの情報発信、学校や大学の教育プログラム、地域コミュニティでのイベントなどにも期待したいところです。

また、文学、映画、音楽、美術などのクリエイター、さらにはビジネスリーダー、社会リーダーなどが価値観の多様化を意識して、それぞれの分野でリーダーシップを発揮し、世の中でカネとカネ以外のバランスがよくなる方向に、常に「風」を吹かせ続けられないでしょうか。

世の中全体として、どのように報酬を得ているかについても、バランスが大事ではないでしょうか。短期のカネを追うようなマネーゲームのプレーヤーばかり目立たせずに、カネ以外に充実感のような心理的報酬も得られる働き方でも社会に価値を積み上げていく。

世の中の回し方でもカネとカネ以外のバランスがとれているのが望ましいでしょう。

アタマとハートのバランスを――情緒面に流されがちでは？

世の中には、さまざまな「予測」があります。人口予測、経済予測、ファッション予測、市場予測、売上予測など、いちいち挙げるとキリがありません。

これらは、ほとんどアタマで理屈を考えたものでしょうが、必ずしも厳密な因果関係に基づくものではなく、予測には不確実性がつきものです。

「風が吹けば桶屋が儲かる」は、極端な話ですが、もっともらしい「予測」にもこれに近いものがありそうです。

まだ記憶に新しい新型コロナウイルスの感染予測については、世界的に「ハズレ」が指摘されました。日本では、感染が拡大し始めた2020年から、厚労省、保健所などが予測した「最大想定」を上回る感染拡大が続き、病床確保や保健所の体制強化の遅れにつながった、と批判されました。

このような状況は海外でも同様で、過去に参照できるデータがなく、要因や関係が不確かなまま、素人考えのようなものから仮説を積み重ねた「高度」なものまで、当たらない予測が入り乱れていました。

いつかパンデミックが起こることは分かっていても、実際に起こるまで確かなことは分かりません。これは地震予知などでも同じでしょう。

このように、アタマの世界にも限界があることをアタマで十分に理解し、アタマを使う人は謙虚になる必要があります。

一方、社会生活を営む上では、心情的なハートの面が大事です。アタマ優先だと、「合理的」過ぎて現実の人の気持ちが分かっていないと非難されることもあります。

時に、人は重大な間違いを犯すものですが、それを「絶対に許してはならない」などという空気にするのも、しないのも、心情的なハートのなす技でしょう。

いまも日本の「空気」は多分にハート面が目立ち、アタマの領域であるべき議論の場面においても、情緒的にやり合っているように見えたりします。これは議論にSNSが絡むときに、特に目立っているかもしれません。

それが気に入ったか気に入らないか、好きか嫌いか、あるいは損得勘定も情緒的に、などが先立つと、まともな議論にはなりません。

さまざまな市民運動でも、目指すところを主張しますが、ひたすらハート重視になりがちで、アタマに訴えるような理詰めの主張が弱く、訴える力には限界があります。

「地球温暖化問題」は世界的に活動家が感情的に取り上げていますが、アタマを働かせる領分では、なかなか一筋縄では行かないようです。

たとえば、一つの対策として森林伐採の規制に走ると、それを収入源にしている人々にマイナスの影響が出ます。「脱炭素」が叫ばれても、アフリカ諸国などは化石燃料を利用して経済発展を図りたいと望んでいて、すぐに対応するのは難しい。また、先進国での温暖化ガス排出権の売買も何やら怪しげです。

トレードオフ関係にあることや、正しいか、間違っているかが分かりにくい場合の対応などでは、特にアタマとハートのバランスをうまくとることが求められます。

何が正義で、何が公正かの判断などにも、アタマとハートのバランスをとる必要がありそうです。

＊

「2050年までに、こころの安らぎや活力を増大することで、精神的に豊かで躍動的な社会を実現」するという科学技術イノベーションの国家プロジェクト「ムーンショット目標9」というものがあります。

プロジェクトが生まれた背景として、内閣府のウェブサイトでは、コロナ禍で「自殺やうつ病など精神的要素に起因する社会問題の深刻化」や、デジタル化の進展による生活変容に対して心のサポートが必要なことなどが挙げられています。

この国家プロジェクトでは、テクノロジー中心に、既に実用化されている脈拍や脳波を測るセンサーや、感情を読み取るような研究中の技術などを「心の安らぎ」のために活用していくことを考えているようです。

その詳細については、よく分かりませんが、これがアタマとハートのバランスをうまく取る方向に向かえるのかどうか。下手をすると、オーウェルの『1984年』で描かれた「ビッグブラザー」が自国民を抑圧するような方向に向かわないか、「八百万の神」に新種の「教祖」が加わるようなことにならないか、なども気になります。

実際、いつも世の中には「心の安らぎ」を求めて特定の宗教に帰依するような人びとがいて、そこに問題が生じることもあります。いわゆる新宗教やカルト教団などでは、信者が洗脳されて周囲から隔絶されたりするケースも見られます。

信者のアタマとハートのバランスが崩れた極端な場合が、解散命令が出されたオウム真理教のような「宗教法人」で見られました。

金融証券アナリストのピーター・タスカはオウム事件の後で、現代の日本社会はカルト教団から見て都合の良い特徴をかかえている、と指摘（「オウム・マイ・ゴッド」『ニューズウィーク』

1995年4月19日号)。

「まず、日本は相対主義的傾向の強い社会で、判断基準の核となる原理が欠けている。たとえば、仏教の僧侶がキリスト教式の結婚式を挙げたり、政治家は『ニンジン』を提示されたとたんに、政策の立場を百八十度変えたりする。

第二に、戦後日本の発展を支えてきたのが、ある種のカルト集団だった。中央官庁、政党、大企業など、エリートが没個性的な役割を進んで受け入れる超閉鎖的集団で、カルトと同様に外部と隔絶した論理と現実認識を持っている。集団固有の雰囲気の中で、普通の人が『市場シェア真理教』『規制真理教』『議席の数真理教』の熱心な信者になっていく。

第三に、現代日本では社会的、経済的変化に伴うストレスが高まり、先の読みにくい状況があり、カルト教団は、これらの特徴を巧みに利用した」と。

オウム事件から約三十年が経過した現在も、右に指摘された点は、一部で相変わらず残っているかもしれません。

かつて東京大学の西村清彦教授が指摘したように、宗教団体は信者という消費者に「心の安らぎ」を売るビジネス団体と理解すべきかもしれません(「オウム、魂の売買について」『朝日新聞』1995年7月1日付)。

＊

「日本人はなぜ『論理思考が壊滅的に苦手』なのか」という記事があります(『東洋経済オンライイ

ン』2019年6月26日付）。

在日イギリス人経営者のアトキンソンは、「首の上にある重い塊を、皆さん毎日毎日運んでいるのですから、たまには使ったらいかがですか」と皮肉を言います。

アトキンソンは、「たしかに高度経済成長期、日本のGDPは飛躍的に伸びました。しかしそのとき、『日本ってスゴイ！』と喜ぶだけで、何が成長の要因だったかキチンと検証しませんでした。当たり前に『原点から考える』訓練ができていないところがいちばんの問題ではないか。日本という国のマネジメントを行っている役人も、思い込みに縛られて、考え方が甘い傾向があります」と。

霞が関の会議で意見を述べたら、「会合の後で『さすが外人さんは見る目が違いますね』と言われたが、国籍の違いではなく、『脳みそを使っている人』と『使っていない人』の違いなのではないか」と手厳しい。

＊

テレビの災害報道を見ていて、大変気になることがあります。

たとえば、最近の能登半島地震の場合、被災地、被災者の報道が情緒的な内容に偏り過ぎている一方、震災から日にちが経っていても、なかなか被災地復旧に励む関係者の努力の様子が一向に報道されませんでした。「ニュース」が被災者に寄り添おうとすることに異議はありませんが、同時に、ボランティア活動の美談に限らず、「被災地の現場で地味な復旧作業に汗を流す人びと」の姿なども伝えてほしいものです。

さらに復旧や復興などについて、ハートに訴える情緒的な内容だけでなく、アタマに訴える内容もきちんと取材して解説するなど、バランスよく報道するのも、メディアの責任ではないでしょうか。

いまも世の中は、明らかに理屈よりも情緒面に流されがちです。

仮に縁起の悪さが見込まれても、情緒的にそれを引きずってしまいそうです。あるいは、これが日本の「失われた30年」を生んだ間接的な一因ではなかったでしょうか——。

日本では、なかなかアタマとハートのバランスをとりにくいのかもしれません。

しかし、日本の縁起直しのためにも、アタマとハートのバランスをうまくとることが大事ではないでしょうか。

時の流れでバランス取りを——スピード感覚と将来展望

ベストセラー『ゾウの時間　ネズミの時間』で東工大の本川達雄名誉教授は哺乳類の心臓の鼓動スピードと体重の関係を取り上げました。

動物のサイズごとに生理的時間の進み方が違うので、心臓の拍動を時計の刻みとすれば、ゆっくり動いて長命のゾウも、忙しく動いて短命のネズミも、生理的時間では同じだけ生きて死ぬ、と言います。

このように動物がそれぞれ独自のペースをもつならば、生物としての人間も固有のペース＝生理的なスピード感をもつはずです。人の身体の時間感覚が変わらないまま、社会のスピードが速くなった現代は、人にとってストレスがたまりやすそうです。

人が生活で接する「スピード」は、生理面、心理面に影響します。

少し前の英国での調査によれば、ドライブ時にテンポの速い曲を聞いていれば赤信号を無視しがちで、事故率は2倍とのこと。一般的にテンポの速い曲を聞くと心拍数と血圧が上がり、ダンス音楽などでは特に顕著だそうです。ただし、BGMとしてのクラシック音楽ではテンポとは別に、音数が多く音の強弱が繰り返されると「危険な場合」があり、ワーグナー『ワルキューレの騎行』やムソルグスキー『禿げ山の一夜』などが危ない、と。

ノーベル経済学賞を受賞した心理学者のカーネマンは、人間には二つのシステムがあり、スピーディーに自動反応する直感的なシステム1とスローペースの思考に対応するシステム2を使って人は判断する、と言います。人の判断は概してシステム1に基づいていますが、偏向や錯覚など系統的な判断エラーが避けられません。

世の中ではプランA（スピード優先）だけでなく、プランB（スローペース）も大事です。プランBで、さまざまな面での「ゆとり」も交えて、社会生活での多様なペースのバランスをうまくとれれば、金銭面以上に世の中を豊かにできるのではないでしょうか。

「流れ行く大根の葉の早さかな」は、高浜虚子の有名な俳句です。

これを「それがどうした」と言うか、味わい深いと思うか、は主観の問題ですが、時には虚心坦懐に「スピード」を眺める「心のゆとり」を持ち、暮らしのペースに思いを馳せるのも一興ではないでしょうか。

＊

言うまでもなく、いまはスピード重視の時代です。

最近の若い世代では、プライベートでも時間対効果が重視され、短い時間でどれだけの効果や満足度を得られるかを気にして、ただ時間に追われているようにも見えます。

しかし、イタリアには、ファストフードとは異なる価値観で、カタツムリをシンボルとする「スローフード」なども。

「世界の停滞は良いこと」という意見もあります。オックスフォード大学のダニー・ドーリング教授は、世界はすでに「減速」を始めていて、それは、むしろ喜ばしいことであると言います（『東洋経済オンライン』２０２２年7月27日付）。

その見立ての当否はともかく、「いまの物の見方や考え方は、将来も技術変革は急速に進む、経済成長は永遠に続くということが大前提になっている」という主張には賛同できます。

無条件に「停滞は良いこと」とまで言い切れるかどうかは分かりませんが、このまま、大量生産、大量消費、大量廃棄のような経済をこれまでのスピードで続けていくとどうなるかを考えれば、少なくとも条件付きのスローダウンは避けられないでしょう。

米国には、走る車をスピードダウンさせる仕掛けの例があるそうです。

それは、車道に引かれた線の幅が次第に狭くなっていくようにして、ドライバーが走行時これを見ると、非常にスピードを出していると錯覚し、思わず減速するというものです。

このように強制せずに誘導する仕掛け「ナッジする仕組み」は、アイデア次第で、縁起直しの場面にも応用できるかもしれません。

＊

時間の流れでバランスを考えるとき、目の前の現在だけでなく未来にも十分に目を配る必要があるでしょう。

たとえば十年後の未来が単純に現在の延長でないとすれば、その間の過渡期への対応も求められます。その未来も安定した状態でないとすれば、常に過渡的な状態で適応し続けることが必要になります。

過渡期は、物事が移り変わっていく途中で、まだ安定に至らない時期です。

経済情勢でも、国際情勢でも、政治動向などについても、昔からずっと「いまは分岐点、あるいは激動期や混迷期」など一種の過渡期とされ続けているようにも感じます。

社会学者の見田宗介は、「歴史は加速度的に進展してきた」が「このような進展が永久に続くものでないことは明らか」と言い、現代は、近代から未来の安定平衡期に至る変曲ゾーンと見ることができる、と指摘しました（『朝日ジャーナル』「現代社会はどこに向かうか」２００９年４月30日号）。「変曲ゾーン」とは、左図のように、人間社会をS字カーブの成長曲線上で見たときの過渡期④を指します。

同氏が言う安定平衡期が待つ未来がいつになるのかは分かりませんが、いまが過渡期であることは間違いなさそうです。

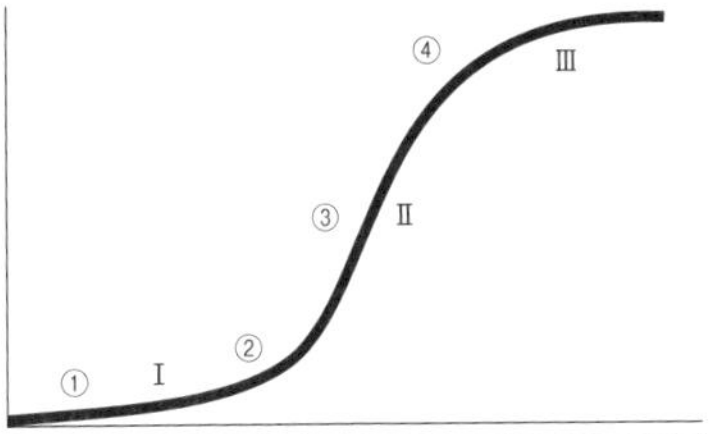

Ⅰ	（定常期）	① 原始社会
Ⅰ→Ⅱ	（過渡期）	②「軸の時代」
Ⅱ	（爆発期）	③文明／近代社会
Ⅱ→Ⅲ	（過渡期）	④現代社会
Ⅲ	（定常期）	⑤未来社会

人間の歴史の3つの局面
『朝日ジャーナル』2009年4月30日号

＊

自分たちより将来の世代の方が良い生活を送ることができそうか――。

世代間バランスの公平性という観点から、高齢者世代の既得権にメスを入れるべきという主張も根強くあります。

できることなら、限られたパイをどう分けるか、よりも、パイをどうやって大きくするか、という議論をしたいものですが……。

世の中で高齢者層が目立つにつれて、高齢者批判をよく目にします。いまの政界などでは、高齢男性の大きな顔をしている様子も、たしかに気になります。

もし周りの年長者がむやみに「長幼の序」をふりかざすようならば、「四時《しじ》の序」と返せばよいでしょう。

「四時の序、功を成すものは去る」（春夏秋冬は、それぞれ役目を果たせば交替する。人もそのようにすべき）は、十八史略にある言葉です。


2022年には「全世代型社会保障」の報告書が公表されました。

そこには「『借金に依存した社会保障』の現状についての危機意識は、全く見られない。報告書の『全世代』には現在世代だけでなく、これから生まれる将来世代は含まれないのだろうか」、「目先の問題しか対応せず、負担の議論を避ける政治の劣化が著しい」と厳しく指摘するコラム記事がありました（『日経新聞』「大機小機」2022年12月31日付）。

いまの近視眼的な政治の流れを変えて、現在と未来のバランスも良くして行かないと、縁起の悪い未来が待っていることにもなりそうです。

社会のジレンマのマネージを――経済性と安全性

米国での幼い子のおしゃべりエピソードなどを紹介した本（『ほざくなチビッ子』）より。

（子供でも容易に「ジレンマ」を巻き起こせそうです。まして、大人の世界では…）

庭で大泣きしている子を見て、

通行人「どうしたの？」

男の子「こんな大きな穴を掘ったのに、家の中へ持っていけないんだ」

学校の通信簿を両親に見せる前に、

劣等生「パパはツイてるよね」

父親「どうして？」

劣等生「新学期に新しい教科書を買わなくていいんだもの。ボクはもう一回使うんだ」

生放送のラジオ番組で男の子が黙り込んでいるので、

司会者「キミはどういう子なの、自分で言ってごらん」

男の子「ボクは、はっきりした子だよ」

司会者「どういうこと？」

男の子「ボクがどこへ行くか、何をはじめるのか、だれにも分からないのさ。そこのところは、ハッキリしてるんだ」

＊

いまの世の中では、さまざまなジレンマを目にしたり、気付かないうちにジレンマに陥ったりします。そのジレンマも、大きなものから小さなもの、目立つものや分かりにくいものなどさまざまです。

たとえば、社会的なジレンマで「共有地の悲劇」として知られるものがあります。

これは、共有地である牧草地に何人かの農民が牛を放牧する話です。農民たちは最大の利益をあげようと、より多くの牛を放牧。農民がそれぞれ牛を野放図に増やし続けると、共有の資源である牧草地は荒れ果て、その結果すべての農民が被害を受けることに——。

ゴミの廃棄や資源の枯渇など、多くの問題でも同様のジレンマが起こり得ます。

さまざまなジレンマがあります。

有事のような緊急事態に備える同盟関係では、保証されるはずの支援が常に確かなものか定かでない一方で、同盟国による戦争に巻き込まれるようなリスクはあるといった「ジレンマ」。

対立するお互いの国それぞれが、より安全になろうとすると、相手の不安を増幅させ、悪循環になりかねない対抗措置を誘発する「安全保障のジレンマ」。

ウクライナに侵攻したロシアに対する欧米の制裁は、中国に、その制裁に違反することなく、どのようにロシアを支援できるか、というジレンマをもたらしました。

コロナ禍の初期に横浜港に寄港したクルーズ船では、感染症対策上は乗客を下船させることが正しくても、周辺の医療機関に受け入れ態勢と対処能力がなければ、ただちに下船させるわけにはいかないというジレンマがありました。

ビジネスの世界では、優良企業ほど、それまでの成功体験が足かせとなって窮地に追い込まれがちという「イノベーションのジレンマ」も。

ジレンマは、選択肢のいずれを選んでも何らかの問題がある状態を指しますが、これは、一方を選ぶと他方が犠牲になるようなトレードオフと似ています。

最近目立つ製造業の不正の背景には、早く仕上げるために品質を犠牲にするか、品質を維持するために時間をかけるかの選択問題があり、トレードオフの関係です。

企業での成果主義の導入についても、難しいトレードオフが起こり得ます。成果の見えやすい仕事が注目され過ぎると、逆に成果の見えにくい仕事が疎かになる可能性がありますが、成果の見えやすさとその仕事の重要性は必ずしも結び付きません。

これも、最近の製造業などでの品質不正の問題につながる面がありそうです。販売部門と生産部門、製品開発部門、品質管理部門の関係など、そこに時間とコスト、機動性や働き手のモラールなどの要素が絡んでくると、難題が生じかねません。

＊

カネで時間を節約しようという考え方もあれば、時間を費やしてカネを蓄えようという考え方もあります。価値観次第で、仕事で束縛される時間が短ければ、得られるカネが少なくてもよいという考え方もあります。このように価値観の異なる人々が一緒にいると、意見や行動が衝突する可能性があり、ジレンマも起きやすいでしょう。

人は自分に都合の良い情報しか見ない「確証バイアス」にかかりやすいと言われます。政策に関する議論でも、「エビデンス」が互いに都合よく解釈されたりすると、議論がかみ合わないジレンマに陥る場合があり得ます。

コロナ禍のような危機的な状況になると、それぞれが自らに都合の良い情報を集めがちにもなります。政府の政策強化を求める人々も、政府の役割に批判的な人々も、それぞれの接する情報を都合よく解釈して、自分たちの見方が正しいと思うかもしれません。

インターネットの普及で情報を「つまみ食い」する傾向が強まり、偽ニュースを信じやすい現実もあって、誤解や意見のすれ違いなどがジレンマを引き起こしかねません。

ジレンマが、異なる価値観、立場、目標、利益などの絡む複雑な状況から生じるとすれば、最適な解決が難しい場合も多いでしょう。それでも、その負の影響を最小限に抑えたり、より良い状況を生み出すことはできるはずです。

当事者同士が効果的にコミュニケーションを取り、相互理解を深めれば、最適な解決策を見出すことは難しくても、バランスの取れた対応策を見出すことができて、ジレンマをうまくマネージできる可能性があります。

さまざまなジレンマが世の中には存在しますが、理詰めに解決できるようなことは珍しく、何とかうまく対処できれば御の字でしょう。

ジレンマの問題を扱う理論面に詳しい米国の経済学者の失敗エピソードがあります。

外国で乗ったタクシーに不当な料金を請求されるのではと不安を感じつつ、目的地のホテルに着いてしまえば、値切るにしても有利な立場でいられる、と判断した経済学者。

ところが、ホテルに着いて客の態度に激怒した運転手は、タクシーのドアをロックして客を元の場所まで連れ戻し、そこで客は路上に放り出されてしまった――。

このケースでは、客が「ジレンマのゲーム」を仕掛けていることにピンときた運転手がカッとなり料金を棒に振って、客の「ジレンマのゲーム」を壊しました。

「感情」がからむと、ジレンマの対処もうまく行きにくいようです。

＊

世の中のかじ取りをするには、難しい選択への対処、リソースや目標の優先順位付けなど、巧みにマネージする必要があります。ジレンマの状況では、どの選択肢にもプラス面とマイナス面があり、どれを選んでも完全には満足を得られないと感じられたり、複数の目標や価値観については、一方を追求すると他方が犠牲になったりします。

さらに、価値観や状況は変わるかもしれず、それにも柔軟に適応していくことが大事で、時にはクリエイティブな判断も求められそうです。

物事は、なかなか思い通りには動かないものです。良いと思ったものが逆だったり、悪いと思ったものが良かったりします。目の前のジレンマやトレードオフを理解し、それらをうまく受け入れることも学ぶべきかもしれません。

世の中のジレンマやトレードオフを適切にマネージすることができれば、うまく縁起直しにもつながるのではないでしょうか。

＊

「2050年には、地震や津波など災害リスクを抱えた地域に住む人が7割を超す。東京の災害リスク地域に住む人は95％に達する」といわれます（『日経新聞』「1億人の未来図」2024年2月12日付）。

災害列島のニッポンでは、ふだんから不意の災害への備えが必要で、経済性と安全性のトレードオフや派生するジレンマも考えておかねばなりません。

東京大学の加藤孝明教授は、これまでは技術やインフラに対する過信があり、あまりにも災害リスクに無頓着なまま、経済性だけを重視してきた、と指摘します。

今までのままでは、中山間地域などは過疎化で急速に人口が減り、沿岸部など災害リスクのある都市部への人口集中が進むことになりますが、災害リスクを意識し過ぎると、住める場所が相当限られてしまうので、いかに賢く、一定程度の災害リスクと共生していくかが重要、と言えそうです。

安易な楽観論でお茶を濁すことなく、災害リスクを直視して、経済性と安全性のトレードオフや派生するジレンマを、いかにバランスよくマネージできるかが問われています。

＊

30年以内にも大地震に襲われる確率が高いリスク都市・東京への一極集中の是正は、どの程度真剣に考えられているのでしょうか。霞が関の官僚等は自ら考えて、直言しているのでしょうか。

1923年の関東大震災は東京を破壊しました。震災後、復興担当の内務大臣に後藤新平が就任し、大胆な復興計画をたてます。ジレンマやトレードオフからの反対運動で規模は縮小されたものの、いまに残る都市計画の成果は、後藤の慧眼を示しています。

工業国ニッポンの工場は大丈夫でしょうか。

旧耐震基準で建てられていて耐震補強工事や建て替えが必要な工場はどれほどあるのか。巨額の費用や操業停止期間の長さが安全性とのトレードオフ関係にあり、対応を民間の経営判断だけに頼っていていいものかどうか。

さまざまなインフラについても、災害耐性はどうでしょうか。

あらためて、災害列島のリスクを直視し、東京の都市計画、さらには日本の国土計画を愚直かつスピーディーに策定し実施に移せないものでしょうか。

おそらく時間のかかる法制度上の対応も必要でしょうから、大規模災害発生の前にどこまで事前の準備ができるか、時間との競争にもなりそうです。

観点は違いますが、神戸市では都心部でタワーマンションの建設規制を始めています。

東京では、今後もグランドデザインがないまま、成り行き任せのつもりでしょうか。

それとも、首都直下地震など大災害が起きた後でないと、シリアスな計画は立てられないものなのでしょうか。

災害列島でどう災害リスクをマネージするか、経済性や安全性などのジレンマが際立つニッポン。社会的なジレンマをうまくマネージするためにも、「縁起」を方便としても扱える「縁起直し」のようなアプローチが役に立つのではないでしょうか。

＊

ここまで、「縁起直し」の具体的な形には触れてきませんでした。

実際の「縁起直し」は、あとから振り返れば、縁起直しができていたというようなものかもしれません。

「縁起直し」に向かう相手が、世の中を覆うあいまいな「空気」とすれば、それを一刀両断というわけにもいかないでしょう。

「空気」を包み込むような大風呂敷などはなく、「空気」を中和させるような処方箋などもあり得ないでしょう。

「縁起直し」は、世の中の課題に対して問題意識を持って取り組むための一種の方便とみるのが自然かもしれません。

何はともあれ、「縁起直し」のようなアプローチが、これからのニッポンに求められるのではないでしょうか。

著者紹介

空翁（くうおう）

兵庫県神戸市出身、いまは千葉県でひっそりと暮らす無名の隠居老人
いままでに会社勤めや起業の経験あり
ＳＮＳなどのコミュニケーション・ツールとは無縁です。

幼少期から、つむじ曲がりで絵本の押し付けがましい体裁に激怒したことも
素直な性格であれば、冗談音楽など多才な音楽家・三木鶏郎の誘いに
応じて弟子になっていたかも

数年前に短いオリジナル音楽ファンタジー動画をユーチューブに
数編投稿するも、その後は視力低下のため投稿は中断。

若い頃は、この歳まで生き長らえるとはとても思えず、
親には心配をかけて、申し訳ないことでした。

いまは雑多な情報を気ままに「**食おう**」の精神で日々を過ごしています。

ニッポン縁起直し《えんぎなお》
時代《じだい》の空気《くうき》を変《か》えていくアプローチ

2024年9月5日　発行　NDC914

著　　者　空翁《くうおう》
発 行 者　小川雄一
発 行 所　株式会社 誠文堂新光社
〒113-0033 東京都文京区本郷3-3-11
電話 03-5800-5780
https://www.seibundo-shinkosha.net/
印 刷 所　広研印刷 株式会社
製 本 所　和光堂 株式会社

ISBN978-4-416-92416-7